ナラティヴと情動

Narrative and Affect

身体に根差した会話をもとめて

小森康永
D. デンボロウ
岸本寛史
安達映子
森岡正芳

北大路書房

ラモーは、和音と変様態《アフェクト》が同じものだということを強調していた。……音楽は、メシアンの言うように、音楽の「メロディの風景」とその「リズムの人物」をつらぬいて、どのような不思議な生成をその鎖から解き放つのだろうか。

——ドゥルーズ−ガタリ『哲学とは何か』(一九九一年)

眉毛は漫画家の秘密の武器だ。

——リンダ・バリー『ドローイング・フェイス・ジャム・ウィズ・リンダ・バリー』(二〇一七年)

プロローグ

小森康永

三分の一世紀の間、私は情動なしで十分やってきた。第一に、感情というやつはどうも相性が悪く、これまで翌日もおつき合いしたいと思ったことがない。怒髪天を衝くといった塩梅で誰彼となく怒りをぶちまける患者を相手にしなければならなくなると、どうしても怯んでしまう。その事実のみでも、感情と同一視されることの多い情動を〈私が探求してみたい概念〉の下から数えて第三位に定着させるに十分であった。また、探求の面倒臭さを忘れるために、私はいつも物語に頼ることにしているのだが、「情動の物語」なるものは、「映画女優」「良性のがん」「医学会の切れ者」「日本の外交」といった表現と同次元の自家撞着に思えたのである。かくして、臨床家になって以来ずっと、私は首尾よく情動を無視していた。ところが、二〇二二年のある日、情動は私を急襲し、逃げるすきも与えず私を拿捕したのである。

これは驚いた話である。本当は過去形で済ますわけにいかないのは、未だにそれが続いているからで、実はこれを驚きと名づけてよいのかどうかも定かではない。エピグラフもどきの出だしもその表れである。ことの起こりは某誌ナラティヴ・セラピー特集での「ナラティヴ・セラピーがセラピー文化にもたらすもの」という依頼原稿だった。この仮題で期待される内容が、ナラティヴによる達成、例えば透明性だとか平等主義、再帰的実践についての総括的話題だということは容易に想像できたが、私はそこで、トラヴィス・ヒースの個人的体験（Heath, Carlson & Epston, 2022）とデイヴィッド・デンボロウの「神経科学の道を旅する」（Denborough, 2019）を紹介した。前者はマニュアル文化がナラティヴの「地図」利用にも影を差しているという問題提起であり、後者は一枚岩と思われてきたナラティヴの中にもいくつか統合が登場し認識論的にというより政治学的に相容れないものがあるという指摘だ。ナラティヴがセラピー文化に影響を及ぼすどころか、足元がいくらか覚束なくなっているという懸念表明と言えば、大袈裟か。後者の中核には「情動（affect）」があった。二〇二二年七月中旬。

七月二十八日、たまさか三人の男性たちに立て続けに泣かれた。もちろん別々のケースである。その場では先の情動論考と結びつかず、翌朝四時に夕餉の皿洗いをしながらそれに気づいて愕然とした。私はこれまで情動なる用語を持ち合わせず、いわんや情動と感情の違いなど考えてみたこともなく、クライエントが感情的になっていればそれが静まり聞く耳を持つまで到底、対話は始まらないと沈黙していた。共感念仏を唱えなかったことは不幸中の幸いであり、何事にも遅きに失することはない。この動揺を沈め、ここから自分は一体どこに向かえばよいのか、そのためには何を知ればよいのか、まずは頼りになる人たちの意見を聞いてみることだ。と、これまたはっきり言語化することもなく、結局、何人かの人を巻き込んで本書ができあがった。これ自体を情動の物語と呼ばずして何と呼べばよいのか。言行一致ではある。そのはじまりの患者さんたちの話から始めよう。

一

二〇二二年七月二十八日。出勤すると、自室に配備された電子カルテ用端末で入院患者の昨晩の様子をチェックしていく。その間にたいてい、PHSが鳴る。人情派の消化器外科医だ。「来週、食道がんの亜全摘手術の男性がいるんですが、今朝から死にたいと言っていて、病棟も先生に一度診てもらったらと言うんですよ。お願いします。私も話はよく聴くのですが、長いですよ。脳出血による高次脳機能障害がもともとあるんで、結構怒りっぽくて、病棟も手を焼いています」。入院生活の様子が透けて見える明確な依頼だ。七十代前半、元教員で、夫婦二人暮らし。

九時二十六分。四人部屋を訪室すると、センセイは栄養と疼痛コントロールのための持続点滴につながれている。コンセントからコードを二本抜いてそれを手にしたまま、面談室へ誘導する。廊下を歩きながら「まるで馬を引いているみたいですね」と言うと「そんな立派なものではないね、ヤギでしょう」と返す言葉が面白い。「さすがプロですね、コード外すだけだとすぐにピーピー言いだしますからね。こないだも女房とエレベーター前でやっと話せたかと思ったら、すぐピーピーだもんね、ありがとうございます」と礼儀正しい。

面談室で腰かけ、「気落ちされているということで紹介になったのですが」と持ちかけると、センセイはぐっと気持ちを顔のあたりに集中させて話しだす。「五、六年前だったかインフルエンザが流行っていたときで金曜の夜でしたが救急病院に行ったんですよ。そうしたらCTだかMRIだか撮られて、若い女医に『脳梗塞です、今後、一生車の運転はできません』って断言されて入院になった。そんなバカなことはあるもんか、画像を見せてくださいって言ったのに全然見せてくれなくて、いろんな検査はしっかりできてますって言うのに、じゃありハビリやりましょうって。しばらくやりましたが、看護師には乱暴にパンツを下ろされたり散々でしたから強引に退院する形になりました。すぐ後から普通にゴルフ行けましたけどね」と数年前のことをまるで今起こったことのように、肩を揺らしながら語る。パンツのくだりで「それは屈辱的でしたね」と言うと、右手の甲で涙を拭う。センセイは、まだ時間はあるかと尋ね、今度は二年前に症候性てんかんと診断されたときのことを同様にリアルに、これまた今起きたばかりのことのように語る。抗てんかん薬の副作用への対応を求めると医師からは「勝手にしろ」と言われ、「本当に横柄な態度でまた怒りを味わいました」と息巻く。医療不信。二度あることは三度ある。ここの病院はどうですかと尋ねると「主治医はじっくり説明してくれます。手術は結局自分で決定しなければならず、やらざるをえないことは悔しいですが、それは仕方ありません」と言う。「ここでは何とかやれそうですか」と問うと「そうですね」と答えが返ってくる。

二

同日、午後、頭頸部外科の医師から外来コンサルテーションの依頼が入る。七十代前半の男性、化学放射線療法後ここ二か月で慢性硬膜下血腫の手術が三回行われ不眠になっていたが、この日のMRI検査がパニック発作で中止となった。

十二時二十二分、外来診察室へ移動すると、妻と研修中の看護師も同席していた。

——ここ二か月で血腫の手術を三回行われて、その後、不眠だとお聞きしましたが。

三回目の手術が終わって、十日ほど前に退院したのですが、自宅では横になれずマッサージチェアをリクライニングにして座ったまま寝ているのです。

——それはどうしてですか？

どうしてってさ、恐怖心があるのだと思いますよ。

——何についての？

また血腫ができるのではないかと。

《もちろん実際の会話はこのようにスムーズでも取り調べ風でもない。しかし男性は私に対して、優しい慰めの言葉でもかけるのが先じゃないかといった感じを存分に漂わせている。妻は要領を得ないやりとりをする夫に業を煮やして代わりに答え始める。そこで私は、まずは夫と話をさせてもらえないだろうかと頼む。あまりよい雰囲気ではない。精神科外来には来たくて来たわけじゃないんだと言いたげだ。流涙こそないが、そのやりきれなさと苛立ちが強烈に伝わってくる。申し訳ないとは思うが、患者の感情と思考と行為がどうつながっているのか私には理解できない。》

——血腫は寝ている間に起きたのですか?

そうではないが、三回あったら四回あるかもしれないと脳外科の先生に言われたものですから、また起こるのではないかと思って。

——私がお訊きしているのは、怖くて眠れないという話ではなくて、その手前の、なぜ横になって寝る体勢をとれないのかということなのですが。

頭を上にしていたら、そういうことは起きないのではないかと思って、そうしているんです。

——そういうことですか……

そうすると安心感があるんです。

《ここで私は、患者のこだわりについて脳外科医に直接電話で確認する。主治医はリクライニングで眠ることに出血予防の効果はないと何度も説明していると言う。妻は脳外科の診察室で先ほど実際に横になってみたのだから家でも横になれるはずだと、早くこの話を切り上げたい様子だ。私は、患者の一連の行為が了解できない。》

——それならリクライニングで眠ることはよしとしましょうか。

でも二回目まではそんなこと（リクライニングで眠ること）は必要なかったんですよ。

——それはどういうことだと思いますか？

わからないけど。

——ご自分なりに何かお考えがあるのではないですか？

一つね、頭の中が動くような気がしたんですよ。

——リクライニングなら動かないということですか？

あのね、横になったら寝返りしたりして頭自体が動くじゃない、でもリクライニングなら頭はガチッと固定されてるからさ。

——なるほど。

《この後、これまでの睡眠について尋ねると、午後七時に寝て午前三時に起き、八十代の知人と散歩をするのが習慣だったという。現在は二時間おきに中途覚醒がある。次に、当日のパニック発作によるＭＲＩ中止の様子についても情報収集する。結局、眠剤は眠りを深くする抗うつ薬に変更することを提案し、それはパニック発作予防効果もあると説明し、承諾される。》

最後に、いやだった面接について男性にあらためて感想を問うと、一言。「分析は素晴らしい」。意外なコメントに私は苦笑し、「これは分析でしたか」と返すと「いろいろ説明していただいて」と言う。「いや、お話しされたのはあなたでしたが……ところで、お仕事は何でしたか？」と問うと「セールスマネージャーでした」。「ということは、セールスマンとは違うのですね」……この後に聞いたのは彼のサクセスストーリーである。

三

同日、夕刻、**四時三十七分**、外来再診の患者を迎えた。彼は六十代後半、外来で頭頸部がんの精査中だったが、一人暮らしで、診断後うまくやっていけるか主治医が心配して二週間前に紹介された。前回語られたのは、中学のときに父親が亡くなったショックで一年間誰ともしゃべらなかったこと、授業も筆談で通しているうちに発言を求められなくなったこと、進学する経済的余裕はなく伯父の町工場で働くことになって、しゃべらざるをえなくなったこと、そして結婚したがほかの女に手を出すと妻は赦してくれず離婚になったことであった。後悔は一生続くと言った。息子の携帯番号はわかっているが連絡しても返事はない。

この日、食道がん・咽頭がんと診断され、手術をしなければ食べることはできなくなり息もできなくなって死ぬと言われた。手術をすれば、食べることはできるが声は出なくなる。こうなったら前向きにやるしかないと涙を流す。父は母から離婚を迫られて自殺したのだと前回の話を補足する。母の離婚希望の理由はわからない。

大声で泣きたいですよ。ここには泣く部屋はないのかね。声が出ないのはつらい。冗談も言えない。若い頃は、人を笑わすのが得意だったのに。ここ二年は笑ったこともない。

――人とのふれあいのなさに慣れてきてはいるわけだ。

やりたいことやってきた罰かな？

――どんなこと？

二回結婚して二回失敗したしね。二十歳前に結婚して、二十一で子どもができたのに五年で離婚して。我慢できなかった。

――今だったら我慢したいと思う？

しないだろうな。

――人生をやり直す気はないということだね？

そうだね。成れの果て。俺らしい。根性が曲がっとる。自分主義。

――自分勝手？

我を通すでね。謝まったことないし。ここで頑張って五年でも長生きするか。人生のこと話したのは先生が初めてだよ。

――やたら他人に話すことじゃないからね。

でも、聞いてほしいところもあるけどね。親身に聞いてくれる人はいなかった。また来ますよ。

目次

第一部　神経科学の道を旅する

ナラティヴ実践、神経科学、身体、感情、そして情動論的転回

メモ

第一部は、デイヴィッド・デンボロウ（二〇一九）「神経科学を旅する――ナラティヴの実践、神経科学、身体、感情、そして感情的転回」（『*International Journal of Narrative Therapy and Community Work*（ＩＪＮＴ）』二〇一九年第三号一三―五三頁）の全訳である。

同誌はマイケル・ホワイトの元パートナーであるシェリル・ホワイトを中心とするダリッチ・センターが刊行している専門誌である。二〇〇二年創刊ではあるが、その前身としての Dulwich Centre Newsletter は一九八六年に刊行開始となっている（一九九九年には、Dulwich Centre Journal へと改名）。本号に特集名は明記されていないものの、その全体がデンボロウ論考への反応であることは明白だ。つまりナラティヴと神経科学の将来についてどう考えるか（どう考えるべきかではなく）をナラティヴの代表的論客十一名がそれぞれの視点で寄稿している。ＩＪＮＴの本号はオープンアクセスなので、興味を持たれた方は一度目を通されることをお勧めする。

私にとって「情動記念日」とも呼べる七月二十八日の三つの面接についてはプロローグに書いた。もしも私が三人の男性に立て続けに泣かれなければ、直前に読み終えていたデンボロウ論考の価値に気づかなかったであろうし、その論考の中核にあるものが情動でなかったならば、私は三人の男性のことを通常業務の範疇でしか捉えなかったと思う。男性たちの涙をそれぞれ、悔し涙、恐怖、悲嘆の発露として済ませたはずだ。本人たちがそう解する前に、聞き手がそう解する前に、（容易に伝染しやすい、強度としての）アフェクトを想定することなど、思いもよらないことだったから。本書は、このように私の個人的体験にその胎生があるため、時系列に沿った形で、デンボロウ論考をここ第一部に置いた次第である。（小森康永）

TRAVELLING DOWN THE NEURO-PATHWAY **by David Denborough**

この論文について

デイヴィッド・デンボロウ

近年、さまざまな要因が複雑に絡み合い、社会科学は、神経科学（neuroscience）、情動／感情（affect/emotion）、身体に根差した経験（embodied experience）を新たな形で扱うようになってきた。本論文では、以下の四つの問いに取り組む。ナラティヴ・セラピーは神経科学とどのように合致しているのか？ ナラティヴ・セラピーは感情とどのように関わっているのか？ ナラティヴ・セラピーの実践は、情動論的転回（affective turn）とどのように関連しているのか？ ナラティヴ・セラピーは身体／体性経験／身体に根差した経験とどのように関わっているのか？ この論文では、マイケル・ホワイトのセラピー実践と現代の集団的（コレクティヴ）ナラティヴ実践の例について考察する。

キーワード――神経科学、情動、情動論的転回、情動実践、感情、身体、身体に根差した実践、ナラティヴ・セラピー、集団的（コレクティヴ）ナラティヴ実践

本論は、ナラティヴ実践の分野で神経科学の考え方がどのように関わっているかという関心から始まったが、ちょっとした冒険に発展した。まるで神経科学の道を旅し始めたかのように、思いがけずフェミニスト理論家（アン・クヴェトコヴィッチ、クレア・ヘミングス、ルース・レイス、マーガレット・ウェザレル、デボラ・グールドなど）の著作に寄り道し、ナラティヴ・

セラピーの身体や感情への関わり方に関するマイケル・ホワイトの初期の著作やビデオにも飛び込むことになった。私はこの冒険を本当に楽しんだし、神経科学と関わっているナラティヴ実践者たちに感謝している。以下のページで、私の楽しみと知的喜びの一端をお伝えできればと思う。

科学との個人的なつながり

私の父、マイケル・デンボロウは医学研究者であり医師だった。父が私の背中に当てた聴診器の感触は、今でも忘れられない。彼の親切なベッドサイド・マナーも重要だったが、安心感を与えてくれたのは、彼の知性と厳しさだった。自分の健康や人生は、父にゆだねられているのだと。父とジョン・カーティン医科大学の研究チームは、これまで説明のつかなかった麻酔中の死に関する謎を徹底的に追求し、その答えを導き出した。そのために、彼らは「ブレイクスルー委員会」を招集し、定期的に会合を持った。父は当時、毎日帰宅すると、子どもたちに言った。「今日、学校で何か画期的なことはあったかい?」常にブレイクスルーを求めていると、人生はもっと面白くなる。彼と彼のチームが研究室で行ったブレイクスルーは、何年にもわたる厳密で整然とした献身的研究の成果であり、世界中のあらゆる手術室の実践に影響を与え、文字通り何千人もの命を救ってきた。これは、たいへんなことだと思わないか?

冒頭でこのようなことを述べたのは、私が科学と医学研究者に深い敬意を抱いていることを明確にするためだ。実際、小児喘息の治療に貢献した研究者がいなければ、私は生き延びることもできなかっただろう。この論文では、神経科学に関連する考え方が、ナラティヴ・セラピーやコミュニティ・ワークの分野にどのような影響を及ぼしているかについて問いかける。私は神経科学者ではないので、以下のページで問うのは「科学」ではなく、「科学」が実験室から遠く離れた場所で媒介され、解釈され、実行に移される方法である。

なぜこの論文なのか?

近年、さまざまな要因が複雑に絡み合い、社会科学は神経科学、情動/感情、身体に根差した経験に新たな形で取り組むようになった。神経生物学やドゥルーズ哲学など多様な影響が、知的景観を変え、歴史や政治をめぐる争いの触媒となっている(Leys, 2011)。

このような広い文脈の中で、ナラティヴ・セラピーやコミュニティ・ワークを学ぶ学生たちは、時折、私やダリッチ・センターの他のメンバーに、次のような質問を投げかける。

- ナラティヴ・セラピーは神経科学とどのように合致しているのか?
- ナラティヴ・セラピーは感情とどのように関わっているのか?
- ナラティヴ・セラピーの実践は情動論的転回とどのように関連しているのか?
- ナラティヴ・セラピーは身体/体性経験/身体に根差した経験とどのように関わっているのか?

これらの疑問を探求すればするほど、相互の関連に気づかされる。そこで私は、この論文を四つのパートに分けることで、四つの疑問すべてに答えることにした。

・第一章「ナラティヴ実践と神経科学の出会い」では、ナラティヴ実践と神経科学を関連づけることの可能性、複雑性、皮肉、危険性を伝える。

・第二章「感情移入する――ナラティヴ・セラピーと感情／意味／行為」では、ナラティヴ・セラピーが、感情を行為や意味から切り離すことなく、どのように感情と関わっているか説明する。

・第三章「情動論的転回との関わり」では、社会科学における情動論的転回との関わりから、ナラティヴ実践が何を得ることができるのか、またナラティヴ実践を「情動実践」の一形態として理解することは可能なのかについて探求する。

・第四章「ナラティヴ・セラピーと身体」では、ナラティヴ・セラピーが、心身二元論を回避しつつ、どのように身体と関わっているのかを検証する。

この論文では、マイケル・ホワイトのセラピーの実践例（彼の著作やビデオアーカイヴから）と、現代の集団的ナラティヴ実践の例を紹介する。私たちの分野では、哲学や社会科学の幅広い議論がこうした考察を形成しているため、さまざまな社会理論家の著作も引用する。

一つの論文で四つの異なる、しかし関連した質問に答えようとすると、どうしても長い論文になってしまった！　以下の忠告を許してほしい。「あなたの身体、心、脳、そして感情をケアするために、どうか居心地のよいところで、お茶かコーヒーでも飲みながらお読みいただきたい……」

第一章　ナラティヴ実践と神経科学の出会い

デイヴィッド・デンボロウ

マイケル・ホワイトとデイヴィッド・エプストン（M. White & Epston, 1990）は、個人、カップル、家族、コミュニティが近代的権力の特定化に抵抗し、多様性を支持し、代替的な知の掘り起こしを促進するための方法としてナラティヴ実践を開発した。マイケル・ホワイトにとってナラティヴ・セラピーは、ミシェル・フーコーの政治的プロジェクトに沿った政治形態であった。[1]

彼〔ミシェル・フーコー〕が言うには、権力の技法が私たちの目に最も触れるのは、周縁部、極限部である……夫と妻の関係、学校、病院などで、こうした技法が機能しているのがわかる……ローカルなレベルで権力の技法に挑戦することが非常に重要だ……政治的プログラムというのは、人々が権力の技法およびその技法への服従に挑戦するのを助けるために、ローカルなレベルで関与することなのである。それは、諸個人の掘り起こしではなく、従属知の掘り起こしであり、代替知の掘り起こしである。(M. White, 1989)

ミシェル・フーコーの死から三十五年、マイケル・ホワイトの死から十一年が経とうとしている。この十年間、この二人の著述家が描こうとした近代的権力の操作と特定化は変化し続けている。近代的権力の戦略が立ち止まることはなく、特に精神医学、心理学、ソーシャルワークなど、現代の学問社会の最前線に位置する学問分野で、その傾向は顕著である。技術、科学、そしてそれらに付随する言説は常に変化し、自己を服従させるための新たな可能性をもたらしている。幸いなことに、抵抗戦略もまた常に変化している。

歴史と文化の中に現代思想を位置づける

この論文では、神経科学と情動論的転回という、現代における知的関心領域のいくつかを探求したい。しかしその前に、マイケル・ホワイトのユーモラスな方法で、現代の当たり前とされている概念を歴史化する方法を紹介しよう。マイケル・ホワイトの表情や手を挙げている様子、ワークショップ参加者の楽しそうな笑い声がよくわかるビデオを見ていただくと、以下の抜粋はさらに面白くなると思う。[2]

心理的欲求を持っている人は何人いますか？　心理的欲求をお持ちの方は手を挙げてください。告白してくれとは言いません。それはそれで面白いかもしれませんが。〔笑い〕ただ、それがあるかないかを知りたいだけなのです。多くの人が挙手されましたね。なぜなら、西洋文化では、一九二九年以来、人々は心理的欲求を持っているからです。一九二九年頃、それは登場したのです。そして、その人気はうなぎ上りで、今日ではますます多くの人が心理的欲求を持つようになっています。つまり、これは新しい理解だったのです。行動は心理的欲求の表面的な現れだとするのは、比較的新しい考え方です。世界の文化の歴史の中で、それは斬新なアイデアです。

皆さんの中で、関係力動をお持ちの方は何人いらっしゃいますか？　関係力動をお持ちの方は手を挙げてください。〔笑い〕私はこれにも驚きませんよ。一九六〇年代から存在するものですからね。そして、最近では多くの人が関係力動を持っています。実際、ますます人気が出てきています。関係力動は非常に成功している……私は、関係力動の登場前に……人々がほかの人との関係で今より幸せだったと言っているわけではありません。当時も人々は惨めで葛藤を抱えていましたが、力動的観点で構築されてはいなかったのです。おわかりですね？　これは新しい構造なのです。

先ほど、私たちはストレングスのような個人的特性について話しました。皆さんの中で、個人的資源をお持ちの方はどのくらいいらっしゃいますか？　これは心理的欲求よりもずっと昔からあるもので、数百年ほど前から存在しています。それはどんどん発展しています。このような個人的性質があるという考え方は、近代の自由主義理論の発展と関連しています。自由主義理論は西洋の民主主義国家の基礎を提供するものです。自由主義理論の基礎の一つは、財産を所有する個人の権利を認め、維持することでした。また、個人の権利として、財産を採掘し、資源を掘り起こすこと、財産を開墾し、その資産を向上させることも認められています。同じ頃、私たちには自己という財産があり、それは実際の財産である土地と同じように所有することができるという新しい考え方が生まれました。そして、その自己を採掘して資源を発見し、その資源を表面に出して、流通させることができるのです。さて、このグループには何人の内部採掘者がいるのでしょうか。自分の資源に触れ、それを循環させるために、深く掘り下げなければならない状況に陥ったことがある人は何人いますか？　このグループの中に内部採掘者はいますか？〔笑い〕

……これらは比較的新しい理解で、……これはすべて、しばしば構造主義と呼ばれる伝統の一部です。人生における行動は、私たちという人間の中心から来る何らかの要素や本質の表面的な現れです。このような考え方は、今では当たり前のものとなっています。行動とは、ストレングス、資源、心理的欲求、人間関係力動などの表面的な現れであると自然に思われているだけなのです……それはほとんど疑問視されることはありません。

さて、私はこれらの考え方が悪いと言っているのではありません。その中には、とても美しい考え方もあると思います。しかし、これらの考え方が、歴史と文化の中で発展し、構築されてきたものであることを理解することは重要だと思います。[3] それを理解すれば、私たちはアイデアに縛られることはありません。私たちはその外側で考えることができるのです。(M. White, 2018)

この抜粋は、娘のペニー・ホワイトの提案で制作された、マイケル・ホワイトのユーモアと深い教えをまとめた『Funny moments』というビデオからのものだ。ナラティヴ実践の中には、異なる思想の伝統を区別するためにユーモアを用いようとする長い歴史がある。ナラティヴ実践は「ポスト心理学」(McLeod, 2005, 2007) と表現されるほど、現代の当たり前になっている心理的・文化的概念に疑問を投げかけるため、本論では、そのエキスから話を始めた。

最近では、心理学の分野でも、心理的欲求、人間関係力動、個人の特性といった話に加え、新しい概念が登場している。私たちの脳には「爬虫類的 (reptilian)」部分がある、大脳半球の統合機能が低下している、神経回路の接続性を高めるか配線を変更する必要がある、といった話はよく聞くようになった。このような概念に加え、最近では、「脳の不動産 (brain real estate)」を最大限に活用するための支援や、「人間関係の可塑性 (relationship plasticity)」を高めるための支援を行っている人々もいる。[4]

私たちナラティヴ実践者は、さまざまな概念とどのように関わっていけばよいのか？

一つの可能なアプローチは、これらの概念の開発の歴史を理解しようとすることだ。もしこのことに興味があるなら、フェルナンド・ヴィダルの著作（Vidal, 2009; Vidal & Ortega, 2017）を強く勧める。彼は「大脳主体（cerebral subject）」「脳性（brainhood）」「神経文化（neurocultures）」の歴史をたどっている。ヴィダルは、これらが神経科学的発見によって進化したというよりも、むしろその逆であると主張している。

> 二十世紀と二十一世紀の神経科学者の多くは、自己に関する自分たちの確信が神経科学のデータに基づいていると考えているようだ。しかし、事態はその逆であり、「脳性」は信頼できる神経科学的発見に先行しており、研究の動機づけとなり、その結果、研究は正当化されたのである。したがって、大脳主体の台頭は脳科学の歴史に還元できないとしても、それがどのように近代の中心的存在となったかを理解しようとする試みは、この歴史の中心的役割とされなければならない。
>
> (Vidal, 2009, p.14)

興味深いことに、フェルナンド・ヴィダルは、脳科学と大脳主体の発展を、個人主義を維持し再生産するイデオロギーと表現している。

西洋社会と西欧化社会に特徴的な個人主義、そして選択とイニシアチブの自律的な主体としての個人に与えられる最高の価値、さらにはそれに対応する社会的絆と文脈を犠牲にして内面性を強調することは、脳性イデオロギーによって支えられ、神経文化言説によって再生産されている。（Vidal, 2009, p.7）

ヴィダルによれば、これは現代の植民地化と結びついたプロセスである。

脳性は、もともとヨーロッパにあった科学や医学のグローバル化によって普遍的に輸出されたとはいえ、排他的に西洋の現象であるようだ。私が知る限り、他のどの文化も、自己を身体の器官に還元するよう提案したことはない。しかし、「西洋文化」は、自己概念そのものを含むダイナミックなプロセスであり、脳性の出現は、自己存在についての見解の歴史の一部であり、そこから届けられたものである。（Vidal, 2009, p.11）

ナラティヴ・セラピーと神経科学の出会い

このような広い歴史的背景の中で、特に北米では、さまざまなナラティヴ・セラピストが、神経科学の理解を治療実践に取り入れる可能性に熱中している。この関心は、おそらく最近出版された二冊の本に最もよく表れている。『コラボレイティヴ・セラピーと対人神経生物学（*Collaborative therapy and interpersonal neurobiology: Emerging practices*）』（Beaudoin & Duvall, 2017a）は、マリー＝ナタリー・ボードインとジム・デュバルによる編集本であり[5]、『ニューロ・ナラティヴ・セラピー――感情に満ちた会話のための新しい可能性（*Neuro-narrative therapy: New possibilities for emotion-filled conversations*）』（Zimmerman, 2018）は、ジェフ・ジマーマンによる単著である[6]。これらの本はいずれも、神経科学との関わりによって、ナラティヴ実践やコラボレイティヴ・セラピーの分野を拡張し、強化しようとしている[7]。

私は、この二冊に連なる実践家たちに大きな敬意を抱いている。実際、私が彼らを高く評価していること、そして彼らがこの分野で大きな影響力を持っているからこそ、この論文を書く気になったのだ。ナラティヴ実践の場を拡大し続け、現代文化におけるナラティヴの妥当性と共鳴を確保しようとする著者たちの意図は、敬意に値する。これらの著者の中には、ナラティヴ実践と神経科学の融合に

> 関する提案が推測の域を出ないことを認める人がいることも、高く評価される。
>
> 心理療法と神経生物学の融合は多くの希望と可能性をもたらすものだが、私たちの提案は推測に基づいたものであり、進化する社会的・科学的文脈に組み込まれたものである。(Duvall & Maclennan, 2017, p.18)

ナラティヴ実践者が神経科学と関わる方法は非常に多様だが、私はナラティヴ実践と神経科学との出会いについて幅広いいくつかの懸念を明らかにする。本論では、神経科学との関わりによって何が得られるかよりも、こうした懸念[8]について、より多く語っている。その理由は至ってシンプルだ。神経科学との関わりで見えてくる可能性についてナラティヴ実践者が述べている論文や章は、本誌の号外内にも多数あるが（Baudoin, 2019参照）、私の知る限り、本論は、ナラティヴ実践領域では非常に少ない、懸念を提起するものの一つである。この論文が、見識と議論を促進することができればと願う。実際、この動きはすでに始まっている。この論文の刊行に先立ち、マリー＝ナタリー・ボードインと対話したこと、彼女からのフィードバックを得たことにとても感謝している。私は、このような領域について、関心をお持ちの方々と対話を続けられることを楽しみにしている。

ブレイクスルー（少なくとも私にとって！）

＃1　科学は心理学を介している

ある種のナラティヴ実践者が引き寄せている「神経科学的」アイデアが、発達心理学者／精神分析家（ダニエル・スターン――Stern, 2004など）、サイバネティックな著述家（人格理論家シルヴァン・トムキンス――Tomkins, 1991など）、愛着理論やシステム理論を学んだ精神科医（ダン・シーゲル――Siegel, 2007, 2010など）の著作でしばしば引用されているのに気づいたことは、少なくとも私にとって、一つのブレイクスルーだった。つまり、ナラティヴ実践者が関わっている神経科学の考え方は、発達心理学、サイバネティクス、愛着理論、精神力動論などを経由としていることが多いのである（Papoulias & Callard, 2010, p.33）。このことは、ある種のメタファーの復帰につながっている。それは、文化的特異性を理由に数年前からナラティヴ実践領域では疑問視されていたメタファーである。以下の通りだ。

統合メタファー　これらは、脳の半球を「統合」すること、および／または関係を「統合」することへと私たちを誘い、例えば「若者は、両親とのつながりを維持しながら個人として分離することが『必要』だと理解される」（Siegel in Beaudoin & Duvall, 2017b, p.7; Zimmerman, 2018, p.15も参照)。

調節メタファー　かつて心理学では感情を「表現」することが支配的な考え方であったが、今では感情を「調節」したり「手なずける」[9]ように誘導される。「感情に名前をつけることで、その潜在的な影響を手なずけることができる」(Marlowe, 2017, p.54)。

自分自身の一部を爬虫類的だと理解すること、「脳の不動産」を活用すること、「関係性の可塑性」に取り組むこと、「脳の半球を統合すること」あるいは「感情を調節すること」はすべて、歴史と文化の中で発展し構築されてきた概念である。「科学的知識」がどのように取り入れられ、実践に活かされるかは、文化を媒介としている。

ニューロ・ナラティヴのある実践者(ユング派の分析家マーガレット・ウィルキンソンを参考にしている)は、次のように主張する。

> 安定した関係の中で情動がもたらされ、調節されるとき、過去よりも現在に結びついた新しい一貫した物語が出現する。(Zimmerman, 2018, p.20)

このとき、これは「科学」が語っているのか、それとも支配的な西洋文化の要請が「科学」を通じて語っているのか？　「調節」「一貫性」「過去からの分離」を重視することは、私たちの感情的な生活やアイデンティティを概念化する一つの方法にすぎない。それが唯一の方法であり、神経科学の知見がそれを「立証する」とほのめかすことは、多くのことを曖昧にする危険をはらんでいる。

デイヴィッド・マーステン、デイヴィッド・エプストンとローリー・マーカムも、神経科学とエピジェネティクスからの新しい理解／技術が、古い母親非難の言説を永続させるために利用されていると述べる。[10]

> 最近では、遺伝学が「遺伝子発現が〔妊娠初期の〕経験によって決定される基本的な方法」(Siegel, 2012, p.112) を指摘して、母親非難の旗印を掲げているように見えるだろう……神経科学は、「養育する大人の心やコミュニケーションのパターンは、発達中の子どもの脳の組織を直接形成する」(Siegel, 2012, p.103) ゆえ、「子育ての失敗」には代償があるということを指摘し、緊張をさらにあおっているようだ。私たちは、母親が破滅的な原因だとする単なる理論を超えて、すべての母親を遺伝的妨害、脳損傷、さらには神経細胞殺人の罪を犯した加害者として、ある種の科学的最高裁判所へと送るための根拠に基づく領域に突入しているのだろうか (Siegel, 2012)？　あるいは、これらの学問分野は、少なくとも母親非難に関しては、古い偏見を永続させるために新しい技術を利用し、母親たちのすでに焼け焦げた足を炎にさらしているのであろうか。(Marsten, Epston, & Markham, 2016, pp.198–199)

ニコラス・ローズとジョエル・アビ＝ラシェドは以下のように述べている。

神経生物学的思考法は、20世紀を通じて精神に関する規律・訓練が植民地化した多くの現場や実践において、個人的および集団的な人間行為の問題分析に影響を及ぼすようになった。（Rose & Abi-Rached, 2013, p.226）

ナラティヴ・セラピーが、西洋の心理学的理解における人生領域の脱植民地化に貢献する取り組みを維持しようとするならば（Drahm-Butler, 2015 参照）、神経科学の道を旅するのに、どんな種類の注意が必要だろうか。西洋心理学を介することなく、神経科学からの学びを活用することは可能なのだろうか？

では、ナラティヴ実践者が神経科学とどのように関わっているのか、より詳しく見ていこう。

ナラティヴ実践、神経科学、ニューロコンシールの回避

ナラティヴ実践者が神経科学からのアイデアを利用する方法は二つある。一つは、既存のナラティヴ実践の効果を説明し探求すること、もう一つは、ナラティヴ実践に神経科学の情報を取り入れて変

化をもたらすことだ。どちらの場合も、その目的は崇高である。もう少し詳しく見てみよう。

1．神経科学によるナラティヴ・セラピーの前提の説明とナラティヴ実践の効果測定

ナラティヴ実践者の中には（Duvall & Maclennan, 2017 など）、神経科学の知見を用いて、外在化する会話（M. White, 2007）での問題を名づける経験を説明する人がいる。

> 名づけは、大脳辺縁系扁桃体を落ち着かせ、闘争、逃避、凍結反応を調節する鎮静化神経伝達物質の放出を刺激する（Creswell, Way, Eisenberger, & Lieberman, 2007; Siegel, 2014）。その結果、ポジティヴな感情や安堵感は、右脳の新奇性や洞察力を呼び起こし、きわめて重要な体験のためのスペースを開く（Baudoin, 2015; Kounios & Beeman, 2009; Subramaniam, Kounios, Parrish, & Jung-Beeman, 2008）。（Duvall & Maclennan, 2017, p.21）[11]

ナラティヴ実践者の中には、ナラティヴ・セラピー面接後の脳機能変化を測定する研究に取り組んでいる者がいる。熟練したナラティヴ実践者であるカレン・ヤングとその同僚たちもその一部だ（Young, Hibel, Tartar, & Fernandez, 2017）。その論文「シングルセッション・セラピーと神経科学」では、彼女たちがいかに「足場作り会話の要素を含んだ会話において観察可能で測定可能な神経生理学的効果を実証する研究に関心があるかを伝えている」（Young et al., 2017, p.109）。

前掲論文には、拒食症の問題に関連したナラティヴ実践の二つの思慮深い例（「自己批判」と「難民の孤立と絶望」）があるが、私がここで注目したいのは、ナラティヴ・セラピーの足場作り会話の効果を生物学的に測定するという著者の関心事である。

私たちは、新奇性、名づけ、熱意、社会的関与、最適な覚醒を呼び起こすように設計されたシングル・セッションが、コルチゾール、α－アミラーゼ、脳波の測定において観察可能な変化をもたらすだろうと予想した……二十人の参加者コホートの結果分析において、十人は標準的面接状況、十人はナラティヴ・セラピー状況下にあった。その結果、両群のバイオマーカーに統計的に異なるパターンが認められ……サンプル数が非常に少ないにもかかわらず、ナラティヴ群で社会的関与を示すマーカーに生物学的影響が見られた……ナラティヴの足場作り会話が神経生理学的影響を持つことを実証することは可能であり、それは対人神経生物学の観点から提案された考えと一致するようだ。(Young et al., 2017, p.111)

私は、ナラティヴ実践における外在化する会話と足場作り会話の効果にも興味はあるが、これらの説明と探求は、いくつかの重要な疑問を投げかける。（外在化する会話の中で）人々が自分の経験を自分自身の正確な言葉や用語で名づけることを可能にすることは、癒しの神経伝達物質を放出するから重要なのであろうか？　それとも、その地域の文化に根差した行為を可能にするからなのか？　あるいは、人々が自らの経験に名前をつけられるようにすることに、政治的・倫理的なコミットメントがあるからなのか？

もちろん、説明は一つである必要はないが、政治学と切り離した形で「名づけ」の意義を説明することには慎重になる。神経生物学的に見れば、ある問題が「不安障害」と名づけられるのも、「虐待の声」と名づけられるのも、ほとんど違いはないのかもしれない。しかし、ナラティヴ実践（とフェミニスト政治学）においては、天と地ほどの差がある。

そして、変化を「測定」したいのであれば、どのような変化に注目すればよいのだろうか。脳機能の変化を測定するのか、セラピールームの外での人間関係の変化を測定するのか。セラピーが支配的な言説を再強化したのか、それとも代替空間を切り開いたのかを測りたいのか（M. White, 2011a, pp.41–43を参照)。神経科学に関わるナラティヴ・セラピストは、このような変化すべてに関心を持つのではなかろうか。

私が懸念しているのは、治療的対話の後の人々の脳の変化に注目する場合、そのような研究は、明らかにするよりも、不注意に隠してしまう可能性があることだ。脳の変化に注目することで、まず隠蔽される可能性があるのは、政治学（ジェンダー、人種、階級、貧困、セクシュアリティ、その他の権力関係に関係するもの）についての考察である。これは、誰かが意図的に政治的な考察を隠そうとしているという意味ではない（ナラティヴ実践者であれば特に)。ただ、神経科学的理解に焦点を当てることで、私が時に「ニューロコンシール」と呼ぶ視野狭窄が起こるのではないかと危惧するのだ。

ナラティヴ実践の効果を説明したり測定したりするために神経科学を利用することについて、いくつか質問を投げかけさせてもらいたい。ニューロコンシールを助長しないような方法はあるのか？　神経科学を利用することで、人間関係や権力関係、特権、規範性（normativity）に対する実践の効果よりもミクロな内的世界（脳）を優先させない方法はあるのか？　神経科学に関心を持つナラティヴ実践者の中には、両方の枠組みを批判的な緊張関係で保持しようとする人もいる。[12]　おそらくこれらは、今後の会話と考察のための領域であろう。

2. 神経科学的理解を通してナラティヴ実践の臨床的有効性を高めようとすること

第二に、対人関係神経生物学に関わる実践者の中には、その神経生物学的理解を用いて、実践者に下記の事柄を勧めることによって、ナラティヴ実践を強化しようとする人々がいる。

- 治療的会話の最中、直後、合間に、肯定的な情動を拡大、高揚、符号化、強化する[13]（Beaudoin, 2017）。
- 身体に根差した経験についてもっと尋ねる（Baudoin, 2017; Zimmerman, 2018）。

感情と身体というこの二つの領域に対するナラティヴ実践者の関心は、私自身にも飛び火してきた。これから、ナラティヴ・セラピーにおける情動／感情と身体／身体に根差した経験というテーマについて、少し詳しく見ていきたい。まずは、感情について……

第一章のポイント：ナラティヴ実践と神経科学の出会い

- ナラティヴ実践は、常に現代の当たり前とされている心理学的／文化的概念に疑問を投げかけてきた。
- 神経科学的理解が大衆文化に取り込まれることで、脳を通して自己を管理・最適化する新たな方法が登場した。
- さまざまなナラティヴ実践者が神経科学のアイデアを利用しているが、それは発達心理学者や精神分析医、サイバネティックな著述家、そして愛着理論やシステム理論を学んだ精神科医などの著作を経由している。
- 神経科学的理解は、ナラティヴ・セラピーの前提を説明するためや神経科学を通してナラティヴ実践の効果を測定するため、あるいはナラティヴ実践の臨床的効果を高めるために用いられている。
- その危険性の一つが「ニューロコンシール」である。脳の変化に注目することで、まず隠されてしまうのが、政治学（それがジェンダー、人種、階級、貧困、セクシュアリティ、その他の権力関係に関係するかどうか）についての考察である。

◆注

1 ナラティヴ実践の政治性については、Denborough（2019）を参照のこと。

2 マイケル・ホワイトのビデオ「Funny moments」は、www.vimeo.com/260519508で見ることができる。

3 現代のアイデンティティ理解が歴史と文化の影響を受けるように、私たちの脳に関する理解もまた同様である。コーネリアス・ボルク（Borck, 2012）は、カメラ、蓄音機、テープレコーダー、電話交換機、コンピュータなどの技術的発明が、脳研究の中でいかにアナロジーとして機能してきたかを述べている。

4 ローズとアビ＝ラシェドは、「自己の神経生物学化（neurobiologization of the self）」が、脳を通して自己を管理／最適化する新しい方法につながることを説明している。現代の西洋文化では、脳のケアを通じて自己をケアすることがますます求められている。

自己をファッショナブルにしたいという願いは、最近の現象ではないし、自己を改善し続けることが自由の美徳の行使であるという信念も、最近のものではない。西洋の自由主義社会では、一九六〇年代頃から、少なくとも一部の中産階級や多くの若者にとって、そうした自己形成はもはやエリートや哲学者、ダンディな人、美学者の特権ではなくなった。二十世紀末の数十年間における自己ファッションの急激な民主化は、インターネットの時代における自己の権威の目覚しい多様化とともに、新たな領域に踏み込んでいる。では、何が新しいかというと、それは自己を形成し、改善し、ファッション化しようとする願望ではなく、それを支える権威の源、それが展開する技術、そしてそれが作用する対象や物質――脳そのもの――である。（Rose & Abi-Rached, 2013, p.224）

5 これらの著者は、マリー＝ナタリー・ボードイン、パム・ダン、ジム・デュバル、ロバート・マクレナン、マギー・ケアリー、ヤン・ユーイング、ロン・エステス、ブランドン・ライク、サラ・マーロウ、カレン・ヤング、ジム・ヒベル、ジェイミー・ターター、メルセデス・フェルナンデスなど。ジーン・コムズが序文を執筆。トム・ストロング（Strong, 2017）は、「神経科学の言説とコラボレイティヴセラピー」と題する社会構築主義的言説分析を寄稿した。

6 カール・トムが本書の序文を書き、シェネ・スワート、スティーヴン・マディガン、ディヴィッド・ニールンドとビル・マドセンが裏表紙に推薦文を寄せている。

7 これらの本は、Beaudoin & Zimmerman (2011), Zimmerman & Beaudoin (2015), Zimmerman (2017) による以前の著作をもとにしている。

8 私の知る限り、懸念を表明する著作はほかに三本ある。Marsten, Epston, & Markham (2016) は、神経科学が既存の母親非難に関する言説を悪化させる役割を果たしているかどうかについて重大な疑問を投げかけている。Strong (2017) の社会構築主義的言説分析は、より広い分野のコラボレイティヴセラピーとの関連で疑問を投げかけている。そして、Marsten & Markham (2017) は、心理療法内の神経科学的影響が私物化傾向を促進することについての懸念を共有している。

> 心理学と精神医学の支配的な系統は、自分たちが目指す「科学」になるまでの道のりで、過去四十年の政治情勢の発露として、私物化プロジェクトに歩調を合わせたように見える……。私たちは、自分たちの苦悩を広い権力の場の中で認識する代わりに、自分たち自身の誤った考え方、遺伝的素質、欠陥のある神経回路の結果を検討するように客観化されている。(p.2)

9 もちろん、感情に名前をつけることにどうアプローチするか、また、どのように名前をつけるかは、感情を「手なずける (taming)」だけでなく、もっと多くの効果をもたらす。グレンダ・フレッドマンが指摘するように、「感情に名前をつけることは、人々を新しい立場、異なる役割、代替的な体験の仕方へと向かわせることができる……。[それはまた、] 人々の自分自身との関係を形作る」(Fredman, 2004, p.41)。

10 認知神経科学者であり科学ジャーナリストであるコーデリア・ファインは、ニューロセクシズムについて雄弁に語っている (Fine, 2010)。

11 他の多くの著者も、例えばこの関連性を示そうとしている。

経験を名づけることは、扁桃体の活動の低下と脳の調節能力の向上と関連している……（Young et al., 2017, p.108）

12 例えば、Beaudoin（2019）やEwing, Estes, & Like（2017）は、社会文化的な言説と生理学をつなげようとしている。

13 Zimmerman（2018）も、否定的な感情を再体験するようクライエントを誘うよう実践者に勧めている――これについては後述する。

第二章　感情移入する――ナラティヴ・セラピーと感情／意味／行為

デイヴィッド・デンボロウ

私が初めてナラティヴ・セラピーのインタビューを見学したときに魅了されたことの一つは、それがいかに感動的かということだった。背筋がゾクゾクしたり、涙が頬を伝ったりするのは、しょっちゅうだった。最も感動的だったのは、一見小さなターニング・ポイントで、突然、しかし穏やかに、新しい意味が生まれるときだった。コーヒーを飲むという行為が、もはや普通のことではなく、拒食症に直面したときの深い達成感となった。虐待を受けた人への配慮は、それまで見過ごされていたものの、何年も前に隣人から受けた優しさの遺産が忘れ去られることなく残った証として尊重されることになる。また、アウトサイダーウィットネスが、その若者を変な人としてではなく、尊厳を保ち人種差別に抵抗している人として見ることに目を開かれることもあった。このような、意味の変化、ストーリーの変化を告げる瞬間が、何度も何度も、目撃者である私の心を揺さぶり、涙を誘うのである。[1]にもかかわらず、時に誤読され、「ナラティヴ・セラピーは感情を扱わない」と言われたり書かれたりする。実は、ナラティヴ・セラピーは、特殊な方法で感情を扱う。感情と意味を結びつけ、それを分離することを拒む。また、感情や意味を行為から切り離すこともしない。このように、感情は文化、政治、倫理からも決して切り離されることはない。[2]

このことについて、マイケル・ホワイトの言葉を二つ紹介しよう。

それは、感情の役割を考えるのではなく、すべての表現が経験の表現であり、そこには感情の単位と意味の単位と行為の単位があるだけで、どれか一つが分割されるのではないと考える。つまり、感情対意味、感情対行為といった二元論に入ることを拒否するわけだ。(M. White, 2002)

私が論考において感情について語ることを避けてきたのは、時の試練に耐えたあの名高き二元論に絡め取られるからだ。誰かが力強い感情を表現している場合、私はその表現に興味があるが、その表現がその人をどこに連れていくのか、もしその人がそのように表現していなかったらたどり着けなかったであろう場所にも興味がある。「感情表現」と呼ばれるものがもっと大切にされなければならないのは、感情表現が単に何かを吐き出すだけでなく、誰かをある場所に連れていく行為でもあるからだ。そこには意味やそれに表現された情緒さえ込められている。その人は自分の

人生を私に開き、私との関係においても一歩を踏み出すのだから。(M. White, 2002)

重要なのは、ナラティヴ実践が、特定の時代、場所、文化において「感情」がどのように理解され、実践されるかという現実の影響にも関心があることだ。ナラティヴ・セラピーが形作られていく一九七〇年代と一九八〇年代には、セラピーにおける感情について、(人文主義/構造主義の精神力動的/精神分析的な理解に基づいて) 少なくとも二つの支配的な考え方があった。

- 心理的な問題は感情の「抑圧」が原因であり、そのため「表現」または「排出」する必要がある。
- セラピスト自身は感情を表に出すべきではない。[3]

抑圧/表出言説は、マイケル・ホワイトが「感情を表現する」ことに関連して、当時の一般的な言葉を使わなかった重要な理由の一つであった。当時も今も、治療領域で感情について語るには、「感情表現」や「排出」の価値づけに陥らないように注意する必要がある。つまり、感情表現 (パフォーマンス) を、その表現/パフォーマンスに与えられた意味や関連するものから切り離さないようにしなければならないのだ。

抑圧/表現言説に基づくセラピーの危険性の一つは、まずもって安全な領域を確立することなく、また意味を修正することなく、トラウマを受けた場所を再訪するよう誘われた人の記憶の問題を悪化させる可能性である。[4] 感情を意味から切り離すアプローチの第二の危険性は、自分たちの文化的偏見から切り離された方法で誰かの感情を解釈できると考え、気づかないうちに心理的植民地化に関与してしまう可能性を高めることだ。感情が意味と切り離せないことの別の言い方として、感情は文化によって媒介されると言うことができる。[5]

ナラティヴ実践における感情／意味／行為

感情／意味／行為を一緒にしておくことは、実践としてはどんな形をとるのか？ 例を挙げてみよう。ナラティヴ・セラピーで誰かが涙を流したとする。

- セラピストは、その涙を通してどのような価値が表現されているかを探る（「潜－在」という概念と関連づけられる、M. White, 2000a を参照）。
- セラピストは、その人が涙や悲しみをセラピストと共有するというステップを踏むことの意義を尊重する。
- セラピストは、「もしその涙が話せるとしたら、何を言うだろうか」という問いのバリエーションを問うことができる。[6]

次の逸話では、マイケル・ホワイトがそのようなバリエーションをいくつか提示している。

アシュレイは、このような涙のエピソードを説明し始めると、泣きだしてしまった。この展開に際して、彼女は、「ほら、まただ、私は絶望しているのです」と言った。私は、この涙から目をそらすのではなく、この涙についてもっと広く理解するために会話を続けてもよいかとアシュレイに尋ねた。すると彼女は快諾してくれたので、私は涙について優しく質問し始めた。

この涙を、思考が詰まった小さなカプセルと考えるなら、あなたは今、ほかのときにはないような思考に気づいていますか？

この涙に、あなたの人生やその意味についてのほかの絵や視点が含まれているとしたら、何か手がかりを見つけられますか？

この涙の流れが、自分の人生や自分自身に対する、それほど拒絶的ではない別の態度を反映しているとしたら、その態度とはどんなものだと感じますか？

もしこの涙が世界に手を差し伸べるものであり、自分の世界を他者に開くものだとしたら、そこで築かれるつながりはどんなものだと思いますか？

この涙が、人生の別の場所、つまり慣れ親しんだ絶望から離れた場所にあなたを運ぶ可能性があると考えるなら、それはどんな場所でしょうか？（M. White, 2003, p.42）

もちろん、これらの質問はより長い実践報告からの引用であり、そのような探求は文脈によって大きく変わるだろうが、この質問は、マイケル・ホワイトが実践で、感情を避けるどころか、意味や行動から感情を切り離さない方法で（涙のエピソードなどの）感情表現に目を向けていることを垣間見せてくれる。

感情との関連で言及したいナラティヴ実践の側面がほかに二つある。

外在化する会話の中で、問題の実際の影響を探るとき、ナラティヴ・セラピストは、経験されている苦難の感情的影響を豊かに認めようとする。これらの影響は、感情的な、身体に根差した、スピリチュアルな多くの領域を通して、追跡され、名づけられ、認識される。外在化する会話には、問題がその人の自分に対する見方や考え方にどのような影響を及ぼしているかを探ることも含まれる。これには、その人がとっている、あるいはとっていない行動への影響も含まれる。また、人間関係やほかの人の人生への影響も含まれる。感情的な影響と意味、行為、関係への影響とを分けて考えないことが、ナラティヴ・セラピストによる問題の影響の尊重の仕方である。それらはすべて一枚の布に織り込まれているのだ。[7]

さらに、アウトサイダーウィットネス実践（M. White, 1999）は、e-motion の一種を含んでいる。アウトサイダーウィットネスが個人や家族の証言に応答するとき、彼らはこのセッションによってどのように「動かされた」かを記述する。[8] ナラティヴ実践では、このような「動き」は、「c」のカタルシスではなく、「k」のカタルシスに関係する。つまり、感情の排出を高めるのではなく、目撃者がいかに動かされ、変化し、運ばれたかを尊重するのだ。これには、未来への新しい理解（意味）および／または異なる行動へと動かされることが含まれるかもしれない。これを示すためには、e-motion という表記の方がわかりやすい。これもまた、意味や行為から気持ち（feeling）を切り離さない感情の一形態である。

ナラティヴ・セラピーの面接で涙を流す人がいたら、セラピストはどうするかということを推測したわけだが、もう一つ例を挙げよう。[9]

次の逐語録は、クリス、ジュシー・ヴェルコとマイケル・ホワイト（M. White, 2000b）の間のリ・メンバリングする会話（M. White, 2007）からである。この会話の中で、マイケルは、クリスが幼少期の性的虐待サバイバーの女性グループ「サイレント・トゥ・ロング（Silent Too Long）」（Silent Too Long, 1998, 2000, 2001）の女性たちに提供していた慰めのスキル（彼女は「クモの糸（gossamer threads）」と名づけた）の歴史について尋ねている。会話の中で、クリスは、幼少期の隣人（そのうちの一人にメアリーおばさんという名前をつけていた）まで、その歴史をたどっていった。以下の抜粋では、サイレント・トゥ・ロングのファシリテーターであり、クリスの友人でもあるジュシーが、アウトサイダーウィットネスとして登場する。

マイケル　もしメアリーおばさんがここにいて、この会話を聞いているとしたら、彼女はこうしたつながりについて、そしてクリスがこの世界に足を踏み入れ、人々を慰め癒すためにこれらの技術を取り入れていることについて、少し聞いただけでもね、このこととメアリーおばさんが支持していることとの間にはつながりがあるわけだ。もしメアリーおばさんがここにいたら、どんな気持ちだと思いますか？　何を考えるでしょうね、自分の人生とか。

ジュシー　メアリーおばさんの人生、そうね、おそらく、自分があの少女に見せた愛情や優しさに、深く感動しているでしょう。少女はたぶんかなり怯えていて、その少女に愛情を注ぎ、歓迎したこと、そしてあの小さな子どもが大人の女性になって、ほかのとても傷ついた女性たちに同じことをしているのを見たのですから。メアリーおばさんは、そのことに深く感動したことでしょう。

マイケル　おばさんは、自分の人生が何かのためにあったと思うかな？

ジュシー　ええ、もちろん、そうです。

マイケル　それは、たとえクリスから切り離されたとしても？

ジュシー　フェンスが建っても。

マイケル　そう。

クリス　やれやれ、これは、美しい。［涙］

マイケル　何が美しいの、クリス？

クリス　その、彼女を称えるために自分に何かできることがあったと思うとね。

マイケル　そうだね。

ジュシー　うん、うん。

クリス　ああ、すごい！

マイケル　あなたの感覚では、彼女は、クリスやクリスのステップに対して、何を、どのように感じているでしょう？

ジュシー　ええと、たぶん、かなりの優しさね、マイケル。

マイケル　彼女に対して優しいの？

ジュシー　ええ、喜んでいて、圧倒されて、おそらく、私の言っていることはわかると思います。クリスが女性たちにしていること、特に恐ろしい出来事に見舞われた女性たちですからね、それにクリスが彼女たちの人生にもたらす癒しを見るのが好きでしょう。だからメアリーおばさんは、そのすべてに圧倒されると思います！〔笑い〕

クリス　私はただ、自分がみんなと同じ惑星にいるとは思ってもみませんでした。感謝の言葉に値する何かが自分にできるとは思っていなかったのです。

〔ジュシーがクリスにティッシュを渡し、自分もとる。二人とも涙ぐんでいる〕

マイケル　ああ、そうなのだね。

ジュシー　これ以上のものはないでしょう？

クリス　うーん。そうだね。

ジュシー　マイケル、あなたもティッシュが欲しい？〔笑い〕

マイケル　実は、一枚で構わないけどね［ジュシーも涙ぐんでいて、マイケルにティッシュを渡す］。うーん。クリスとのつながりが失われたことに対する彼女たちの悲しみについて、そして、それが実際に失われたわけではなく、クリスの特別な方法でほかの女性たちにも表現されるようになったということが、彼女たちにとってはどういう意味を持つのか、いろいろと考えていたんだよ。

クリス　なるほど、クモの糸（慰めのスキル）はそこからきているのですね。わあ、知らなかった。

…………

マイケル　彼女たちのイメージ（隣人たち）も、私の中にずっと残るだろうね。あなたとのつながりを失った彼女たちの悲しみ、そして、彼女たちの慰めのスキル、あなたが彼女たちの人生にもたらしたもの、そして、ジュシーが引き出すのを助けてくれたもの、そんなイメージが。これは私の心に残るでしょう、とても美しいものです。

クリス　うーん。(M. White, 2000b)

この例を取り上げたのは、三人の参加者（専門家を含む）全員が涙を流し、ティッシュを共有している、力強い「感情的」なナラティヴ・セラピーの会話だからだ。[10] この「感情表現」は、オルタナティヴなストーリーライン、この会話の中で見えるようになった歴史、より「使える過去（usable past）」(Wertsch, 2002, p.45) を作り出した歴史に関連している。感情表現がもたらす実際の効果、この表現に関連してどのような意味が作られているのか、そしてこの表現と意味づけの行為が何を可能にしているのかについて、細心の注意が払われている。

先に述べたように、ナラティヴ・セラピーは、「感情を扱わない」どころか、セラピーにおける感情に関する二つの広範な考え方に厳格に挑戦してきた。

- 心理的問題は感情の「抑圧」が原因であり、そのため「表現」ないし「排出」される必要がある。
- セラピストは感情を表に出してはいけない。

そして、ナラティヴ・セラピーはさらに進んで、感情を意味や行為、文化から切り離すことを拒否している。また、ナラティヴ実践では、セラピーが感情をどのように概念化するかによって、面接室やそれ以外の場所での人間関係が形成されることも重要な点として認識されている。マイケル・ホワイトは次のように述べている。

> 感情表現は、〈関係性の中の自己〉を形成する活動でもある……よって、感情だけに焦点を当てていたら、私たちは、この表現が何かを形作っているという事実を曖昧にしかねないのである。(M. White, 2002)

もしセラピーが、クライエントに自分の感情を表現ないし排出するよう促し、セラピストは自分の感情を表に出さないようにすると、特殊な関係が形成される（ナラティヴ・セラピーにおけるセラピストの位置づけについては、M. White, 1997 を参照）。

感情を扱わないどころか、ナラティヴ実践のあらゆる側面が、感情／意味／行為に関わっている。

感情を「特権化」することの危険性とカタルシスへの回帰

ニューロ・ナラティヴの仕事の根底にあるのは感情であり、伝統的にポスト構造主義の考えを基礎構造としてきたナラティヴな仕事とは決定的に異なるものである。**感情**、**感情**、**感情**が私のマントラになり、驚くことではないが、感情は脳機能の焦点となる組織体であると考えられている。(Zimmerman, 2018, p.xiv)[11]

この仕事において、感情が特権化されるべきだ。(Zimmerman, 2018, p.37)

すでに述べてきたように、ナラティヴ・セラピーが、感情と意味を切り離すという一般的な視点から脱却した理由は数多くあった。その一つは、数多くのセラピーにおいて、感情の「再体験」や「表現」が「癒し」の必要な部分と見なされていたことである。これは、再トラウマ化の原因となりうる（そして実際にそうなっている）カタルシス（catharsis）という概念と結びついている。

しかし、ジェフ・ジマーマンは、感情の「特権化」を主張し、そのような感情そして／あるいは情動を意味から暗黙にかつ明確に分離し、問題に関連した感情をクライエントに「再体験」してもらうことの重要性について述べている。

> クライエントは、問題が彼らの心配に影響を及ぼしたときを拾い上げ、その経験を詳細に描き出して、その**モーメント**を再体験し尽くすように求められる。（Zimmerman, 2018, p.46）

> クライエントがその**モーメント**に戻るとき、そこには回想という特質がある[12]——それが部屋の中で起こっているのを感じることができるのだ。（Zimmerman, 2018, p.52）

> 一度、彼女の死に関連する情動を再体験することができた（Zimmerman, 2018, p.23）

> 報告することと再体験することの間の重要な区別（Zimmerman, 2018, p.48）

この感情の「特権化」は、治療的関わりにおける「感情の喚起（emotional arousal）」の価値を強調するダン・シーゲル（Siegel, 2011）の影響を受けており、他の多くのナラティヴ著述家もこれに同調している[13]（Dunne, 2017を参照）。

私の仕事の多くは、虐待、戦争、投獄、拷問など、深い苦難を経験したグループやコミュニティとのものだ（Denborough, 2008, 2018を参照）。神経科学に関心のあるナラティヴ実践者が、人々を再トラウマ化することに対する私の心配を共有することは、知っている（Baudoin & Zimmerman, 2011, p.6; Zimmerman, 2018, p.61参照）。しかし、感情や「感情の喚起」を「特権化」し、感情／情動を意味から分離し、セラピールームで問題のある感情や状況を「再体験」するように人々に促すことは、「トラウマの現場」へと人々を戻す深刻なリスクをはらんでおり、その危険についてはマイケル・ホワイトが鮮やかかつ明確に語っていると私は信じている。

大事なことから話しましょう。人々がセラピーという文脈において再度外傷を経験すべき根拠などどこにもありません。苦痛はまだしも、再外傷化はいけません。虐待を追体験するために虐待の起こった場所へ戻ることに重きを置くような治療実践の考えは、極めて怪しい考えであると同時に、危険な考えでもあるのです。その手の考えは、しばしば、カタルシス理論によって正当化されるのですが、これこそ、意味という抜き差しならない次元を曖昧にする理論のひとつです。人々をやみくもに外傷の起きた場所へ戻るよう励ますことは、虐待経験の自己破壊的表現をもたらすドミナントな意味を彼女らに再強化するだけです。それに、それが、外傷を改めて蘇らせたり、新しい行為や自己虐待を刺激しかねないのです。
もちろん、外傷の起こった場所へ戻ることを重要視する考えに異議を唱える理由は、他にもたくさんあります。人々が虐待に晒された時、彼女たちには力はなく、選択肢もないのです。はめられたわけですから。我慢のならない、苦痛をもたらすだけの状況に反応して、多くの人々は、虐待の文脈から逃れられる思いもよらない仕掛けを身につけました。物理的に逃れられない故に、記憶に引っかからないほどの頭の隅へ自分自身を連れ去る術を身につけたのです。自分の自由になるなけなしのスペースを自分を支えるための経験に仕立て上げることができた人もいますが、そのような状況でそんなことができるのは、ものすごいの一語に尽きます。ところで、私にひとつ質問をさせてください。人々に外傷のおこった場所へ戻るよう要求することは、人々から選択肢を奪うという罠を再生産していることにはならないだろうか?(M. White, 1995a, p.85/訳書一三八―一三九頁)

興味深いことに、神経生物学とナラティヴ実践の意味を探求した最初の論文の一つにおいて、マリー=ナタリー・ボードインとジェフ・ジマーマン(Beaudoin & Zimmerman, 2011)は、トラウマ的記憶の再体験を人々に促すことの危険性について同意し、その際に神経科学の読解を利用した。

私たちの脳の記憶は、ある体験を再体験するたびに変化する(Sousa, 2006)。例えば、ある出来事

> の記憶には、その出来事を再体験するたびに、さまざまな意味や気分が吹き込まれる（より強い気分は、中立的な気分よりも効果が大である）。このことは、ある体験の記憶がセラピーで取り出され、意味のある方法で議論されると、その記憶は自動的に（強くなるにせよ弱くなるにせよ）記憶装置に戻されることを意味する（LeDoux, 2002）。**会話によって問題のある体験が強化され、（トラウマを見直すプロセスのような、ナラティヴ・セラピーにおいて強く糾弾される実践で）役に立たない詳細がつけ加えられると、記憶はより強くなる**［強調は著者による］（Baudoin, 2005; Duvall & Béres, 2007; M. White, 1995a, 2007）。再著述する会話によって、クライエントが「問題への本筋」を検討し、オルタナティヴな体験と情動的反応を結びつけ、元のストーリーでは当初見えなかったスキルを引き出すことができれば、記憶はより弱くなる。（Beaudoin & Zimmerman, 2011, p.6)

私は、感情を「特権化」したり、感情を意味から切り離したり、問題のある感情や状況を「再体験」するよう人々に求めるのではなく、人々が耐えてきた恐怖からくる実際の感情的、スピリチュアル的、身体的、精神的、知的および関係上の影響に関連して、尊重、承認、あるいはコミュニタスの感覚を生み出す多様な形式のナラティヴ実践に関心を持っている。それは、苦難に対する人々の反応を尊重し、そのような苦難について一人称で話すことを必ずしも要求せず（ましてや再体験など求めず）、地域、個人、集団、文化的癒しの方法を引き出し、豊かに描写する実践である。[14]

情動移入されたユニーク・アウトカム

さらに先に進む前に、マリー＝ナタリー・ボードインとジェフ・ジマーマンの著作（Beaudoin & Zimmerman, 2011）への興味を表明しておきたい。そこには、彼らが「情動移入された（affect-infused）」ユニーク・アウトカム（p.9）と呼ぶものがあり、ボードイン（Beaudoin, 2017）が、治療的会話の最中、直後、そして次の治療的会話までの間に、肯定的情動を拡大、高揚、符号化して強化しようとする方法がある。ユニーク・アウトカムのより豊かな感覚的体験を展開し、「好みの自己を強化する」（Baudoin, 2019）ためのこれらの努力は、人々に問題の再体験を誘う危険を避け、実践者にさらなる選択肢を提供する。

基本的感情論からの脱却

感情、ナラティヴ実践、神経科学を考える上で、さらに二つのテーマがある。一つは、基本的感情論と呼ばれるものに関連する。社会心理学者のマーガレット・ウェザレルは、神経科学に基づく情動研究において、彼女が「間違った方向」と表現する一連の事柄を概説している。これらの「間違った方向」の一つは、一部の神経科学者（その研究は、今度はナラティヴ・セラピストによって利用されている）の研究を支える「基本的感情」論の継続的影響に関連している。

一九八〇年代から一九九〇年代にかけて、人類学者や社会心理学者、特に社会構成主義の研究者たちは、感情生活における大きな変動性と偶発性、そして世界中の人々が自分の生理状態をどのように語り、解釈しているかを次々と発見していった。一方、心理学者や神経科学者は、普遍的で遺伝的に決定された「心理的祖語（psychological primitives）」と見なされる、ごく一部のものだけを扱っていた。情動の心理生物学を支配していた基本的な感情パラダイムとは、感情のルーチンはプログラムされており、情動のテンプレートは古代部分の生来の残滓であり、「情動のカラーホイール」は比較的個別のパターンに分類されるという考えへの深い投資であった。（Wetherell, 2012, pp.17–18）

マーガレット・ウェザレルは、「基本的感情」という考え方が……未だに感情に関する有名な大衆科学の説明に浸透していると述べている（Wetherell, 2012, p.17; Leys, 2011, p.439 も参照）。その結果、基本的感情という考え方は、神経科学と関わっているナラティヴ実践者たちの著作にも浸透している。

パンクセップ（Panksepp）は、脳が七つの感情システムによって支配されていることを示唆している。「SEEKING」「FEAR」「RAGE」「PANIC/GRIEF」「LUST」「CARE」そして「PLAY」である。

(Zimmerman, 2018, p.39)

ナラティヴ実践が神経科学と関わるものだとしても、どうすれば「基本的感情」という考え方から確実に逃れられるだろうか？[15]　おそらく一つの方法は、感情とストーリーを切り離さないことであろう。

感情ストーリーを紡ぐ

グレンダ・フレッドマンは、その著書『感情を変化させる（*Transforming emotion*）』（Fredman, 2004）の中で、「感情ストーリーを紡ぐ」というアプローチを紹介している。

それは、自分の気持ちを、一連の行為の中に位置づけたり（その気持ちはどこからきたのか？　いつ始まったのか？　どのように発展したのか？）、相互作用的文脈の中に位置づけたり（ほかに誰が関わっていたのか？　彼らはどのように反応したのか？　もし私やほかの誰かがあなたと一緒にいたら、この感情についてどんなことに気づいてほしいか？・この感情について、私たちにどうしてほしいか？・）するよう人々に促す。(Fredman, 2004, p.112)

グレンダ・フレッドマンのアプローチは、(身体的) 経験、行為、そして判断の糸を編み込んで、より豊かで質感のある「感情ストーリー」を生み出すのである。

「あなたのおっしゃる気持ちはどのように知るのですか？・」ないし「ほかに誰がそのように名前をつけますか？・」「この感情についての考えはどこから得るのですか？・」「この考えについてどのように教えられましたか？・」そして「あなたの考えを共有しているのは誰ですか」といった質問は、関係、文化、家族、ジェンダーといった文脈層をもたらし、そこから感情ストーリーの異なる糸を紡ぎ出すことができる。(Fredman, 2004, p.114)

私にとって、これは、感情を意味や行為から切り離さないという、ナラティヴ・セラピーの長年の伝統と完全に一致している。この伝統は、ナラティヴ・セラピーの実践者が、情動論的転回に関わることのできるユニークな立場にあることを意味すると私は考える。

第二章のポイント：感情移入する――ナラティヴ・セラピーと感情／意味／行為

- ナラティヴ・セラピーは感情的である！
- ナラティヴ実践は、感情と意味を結びつけ、両者を切り離すことを拒む。また、感情や意味を行為から切り離すことも拒否する。このように、感情は文化、政治、倫理からも切り離されることはない。
- ナラティヴ実践は、特定の時代、場所、文化において、「感情」がどのように理解され、実践されるのか、その実際の効果にも関心を寄せている。
- ナラティヴ実践では、感情表現がもたらす実際の効果、この表現に関連してどのような意味が作られているか、そしてこの表現と意味づけの行為が何を可能にするかについて細心の注意が払われる。
- 感情そして／あるいは「感情の喚起」を「特権化」したり、感情／情動を意味から切り離したり、面接室で問題のある感情や状況をルーチンで「再体験」させることは、人々を「トラウマの現場」に戻し、結果として再トラウマ化する危険をはらんでいる。
- 感情とストーリーを切り離さないようにすることで、実践の豊かな可能性が見えてくる。

ブレイクスルー（少なくとも私にとって！）

＃２　情動論的転回に関する素晴らしいフェミニストの著作に出会えたこと

ルース・レイス、アン・クヴェトコヴィッチ、マーガレット・ウェザレル、クレア・ヘミングス、デボラ・グールド……など

◆注

1　私はここで、マイケル・ホワイトの面接を見学したことを指している。

2　このセクションを書きながら、私は十九歳のときにセラピーを受けたときのことを思い出した。私は早い段階で、その男性セラピストが私から特定の感情、つまり怒りを引き出そうとしていること、そしてそれを特定の方向、つまり母に向かって表現するよう求めていることに気づいた。彼は私に枕を持たせ、それを諌めたり叩いたりすることで、私が母に対して抱いているはずの怒りを「表現」するよう促し続けたので、特段の配慮は不要だった。私は母について（あるいは他の家族について）何か話したわけではなかったので、彼が相談者全員にこのようなことをしているに違いないと思った。私は、「あなたが私の母に会ったことがないのは明らかですね」とだけ言って、面接をそこで切り上げ、二度と来ないと伝えたとき、怒っていたのは私ではなかった。そのときのやりとりは、すべて感情に関するものだった。また、すべてが政治、文化、倫理に関するものだった。

3　ジョン・ウィンズレイドは、「これは精神分析的な考え方の中で特に影響力があった――セラピストの『白紙のスクリーン』は、クライエントがセラピストに投影した感情を受け取る最良の方法と考えられていた」と指摘

している（私信二〇一八年一月二一日）。

4 これは、本論の後半で再び触れるテーマである。

5 グレンダ・フレッドマンは、その思慮深い著書『感情を変化させる（*Transforming emotion*）』の中で、「自律的」感情言説と「関係的」感情言説を区別しており、参考になる。

> 自律的言説は、感情を個人の中に位置づけ、それゆえ感情を生得的、普遍的、主観的、個人的、本質的に身体的なものと見る。したがって、自律的感情実践は、感情の命名、解釈、表現の奨励といった、感情を感じることと区別することに最も焦点を当てる……。一方、関係的言説は、感情を人と人との間で作られるもの、したがって共同体的で文化的論理と結びついたものとしてアプローチする。したがって、関係的感情実践は、他者と協調することや、関係性や文化の文脈の中で感情ストーリーがどのように作られるかに焦点を当てることになる。（Fredman, 2004, pp.2–3）

グレンダは、関係的感情言説と自律的感情言説の違いを概説した非常に有用な表を提供してもいる（Fredman, 2004, p.14 参照）。

6 そのほかにも、以下のようなバリエーションがある。

- あなたが経験しているその涙に、少し話しかけてもらえませんか？（M. White, 1997, p.165）
- その涙について少し話してもいいですか？（M. White, 2001/2004, p.63）
- その涙について何か言っていただけませんか？　その涙が何を意味しているのか、私に理解させてくれませんか？（M. White, 2001/2004, p.81）

7 問題の多様な影響を探り、認めると同時に、ナラティヴ実践者は、人々が問題に対応する方法を可視化しようとする（Wade, 1997; M. White, 2004c; Yuen, 2009, 2019）。これは、共に感情／意味／行為を伴う領域でもある。

8 マイケル・ホワイトにこの古典的なカタルシスの版を紹介したのはペニー・ホワイトである（M. White, 1999 参照)。

9 私が涙の表現に注目したのは、涙はセラピーの中で適切な感情表現であると容易に想定されるからだ。代わりに、ナラティヴ・セラピーにおける笑いの例を挙げることもできるが、陽気さや歓びの表現は、治療の場ではそれほど特権的なものではない。もちろん、ポート・オーガスタのアボリジニの人々が、「多くの喪失への対応」というメッセージの中で伝えているように、涙と笑いが一緒になることもある。ポート・オーガスタのアボリジニ・コミュニティの特別なスキルである。

涙と笑い

私たちにとって、涙と笑いは一緒にやってくる。悲しみを共有するのと同様、私たちはその人のおかしな話を語り直す。そんなおかしな話を忘れないことが大切だ。楽しかった時について語っては笑う。それで悲しくもなるが、そのあとでまた笑うのだ。時に、特別な写真を見ることで涙が溢れるものだが、笑いが吹き出ることもあるのだ！　私たちにとって、涙と笑いは一緒にやってくる。とてもおかしな話には事欠かない。たとえば、孫におじいさんの声やよく話していたことを憶えているかと訊ねると、彼はこう言った。「ええ、もちろん、憶えていますよ。おじいさんはよく言っていました。『静かにしてくれんか、その口を！』これはとてもおかしかった！　もうひとつ。葬式からバスで帰るときの話だ。急いでいたので、やたら笑いが起こった。バスのスピードが上がり過ぎると、若者たちは大声を出した。「じいさんは、そうすぐにはぼくらに会いたがらないよね。さようならと言ったばかりだから！」　涙と笑いで悲嘆する方法はいくらでもあるのだ。（ポート・オーガスタ・アボリジニ・コミュニティ―― Denborough et al., 2006, p.24／訳書二三〇頁）

10 クリスとジュシーの二人とは今も連絡を取り合っていて、このコンサルテーションの長期的な意義について話し合っていることも本例選択の理由である。

11 この引用は、社会科学におけるより広範な議論と呼応しており、興味深いものである。クレア・ヘミングスは、次のように述べている。

「情動論的転回」を宣言する社会理論家のマッスミとセジウィックが、それを否定すると同時に批判的歴史を構築する方法について述べている。情動を「出口」として位置づけるには、ポスト構造主義の認識論が身体性、投資、感情を無視してきたことと、学術的な読者が過去においては理論による思考拘束に共犯し、現在ではそれに飽きたことを認識しなければならない……理論家がどちらも認めることができないために、感情的な投資、政治的なつながり、そして変化の可能性に注意を払う認識論的な仕事が膨大な範囲に及んでいるわけである。（Hemmings, 2005, p.557）

12 ジョン・ウィンズレイドは、「現在」や「瞬間」を概念化するいくつかの方法が、特定の時間観をいかに特権化するかについて注意を促している。「現在が過去や未来よりも現実的であると見なされていますが、これには疑問が残ります。ナラティヴ実践は、ドゥルーズが時間を一般的なクロノスではなく、アイオーンのように読むと述べていることと、実は一致しているのではと思います。アイオーンでは、過去はまだ生きています。過去は現在に流れ込み、現在を通り抜けるのです」（私信二〇一八年一月二一日）。これについては、Hedtke & Winslade (2016) を参照のこと。

13 Dunne (2017) は、「ポジティヴ」な感情との関連で「感情の喚起」に注目している。このテーマには少し後で戻る。

14 例としては、Denborough (2008, 2018) を参照。

15 基本的な感情理論には、ナラティヴ実践によく合う代替案がたくさんある。マーガレット・ウェザレルはバーキットの仕事を参考にしている。

グレゴリー・ベイトソンに従い、バーキットも、怒りや恐れといった感情は、基本的な感情研究が想定しているように自己の内部にある物体ではなく、他者との関係、状況や世界に対する反応であると強調する。感情とは、何よりもまずは、心理社会的な場全体に自動的に分布し、位置づけられると言えるだろう。（Wetherell, 2012, p.24）

第三章　情動論的転回との関わり

デイヴィッド・デンボロウ

マイケル・ホワイトが面接室で情動に同調することに特別長けていたというジェフ・ジマーマン(Zimmerman, 2018, p.182)の意見に心から賛同する。このセクションでは、「情動論的転回」として知られるようになったものに関連するナラティヴ実践領域の機会を探っていこう。

この二十年間、社会科学や人文科学の分野で多くの著述家が、意識的ではない情動(affect)や、それと意識的な感情(emotion)との関係性を探求し始めた。この動きは、身体の(bodily)、ないし身体に根差した(embodied)経験に重きを置いて、情動論的転回と呼ばれている。[1]

情動論的転回の一環として、さまざまな分野の書き手が、情動と感情を区別することに非常に興味を持つようになった。以下はデボラ・グールドの説明である。

> 私見では、情動という言葉は、非意識的で無名ながらも認められている、身体への衝撃的刺激に反応して生じる身体のエネルギーや強さという体験を指す。つまり、情動は、生体が衝撃と身体への影響を感じるという点で**認められているとはいえ**、その感覚が個人の意識的な気づきの外にあり、不定形で、まだ言語化できない強さであるという点で、非意識的なのである……情動が固定化されておらず、構造化されておらず、非言語的であるのに対し、感情は、ある瞬間に感じていることを個人的に表現したものである。その表現は、社会的な慣習や文化によって構造化されている。（Gould, 2010, pp.26–27）

なぜこれがナラティヴ実践と関係があるのか？　私は、ナラティヴ・セラピーは、「情動実践」（Wetherell, 2012, p.22）の一形態として理解できると信じている。つまり特定の、注意深い方法で情動から感情までを横断する方法なのである。再び、デボラ・グールドの登場だ。

> ここで、言語や身振りによって現実化されるものを超えた身体感覚としての**情動**（affect）と、現実化されるものとしての**感情**（emotion or emotions）との区別は、一方から他方へ向かう一つの方法についての議論を通して説明することができる。情動は、意識的思考の中にあるというよりはそこへ向かうものであり、感覚の強さと同様、自分たちが体験している漠然とした感覚を刺激する。つまり、この曖昧な刺激は、十分強力であれば、多かれ少なかれ意識的に、自分が何を感じ

ているか、それをどう表現するかを考える努力を引き出すことができるのである。その際、私たちは必然的に、文化的に利用可能なラベルや意味とか、自らの習慣や経験を使用し、そうする中で、自分の感じていることを「表現」する身振りや言語的命名が浮かび上がる。しかし、この「表現」は決して完全なものではなく、私たちの情動体験を正確に表現するものでもない……一つの近似値と考えた方がよい。

私たちが感じていることを名づけたり、だいたいのところを表現したりする過程において、ある変容が起こる。それは、構造化されていない、表象不可能な情動状態を、その可能性をすべて含んだまま、慣習的にその性質が知られ固定された感情へと還元する……言い換えれば、ある感情が、曖昧な身体の強さや感覚を、文化的な意味や規範の領域、つまり私たちの感覚そのものを構成する意味づけの体系に押し込むのである。(Gould, 2010, p.27)

私がデボラ・グールドの仕事をこれほど広範囲に取り上げるのには理由がある。彼女の仕事は、私が見つけたほかのどの情動研究者よりも、感情の政治学 (Staiger, Cvetkovich, & Reynolds, 2010) と関わっている。というのも、デボラ・グールドはACT UPやQueer to the Leftに長く関わり、アートアクティビスト/リサーチの共同グループ「Feel Tank Chicago」の創立メンバーでもあるからだ。彼女は、社会運動を理解する上で、情動についての考察がどのように役立つかに関心を寄せている。ここでは、女性解放のための意識改革グループについて書いている。

一九六〇年代後半から一九七〇年代初頭にかけて、女性の意識改革グループで起こった「感情ワーク」について考えてみよう。フェミニストたちは、多くの女性が経験していた、物事が単に正しくないと感じる不定愁訴、つまり多くの人がうつ病と呼んでいたものに対する個人的理解に異議を唱え、その感情状態（feeling state）の社会的起源を指摘し、それを怒り（anger）と名づけ直した。この解釈的感情ワークによって、女性たちは自分自身と自分の状況を新しい方法で理解し、実際、違った風に感じるようになった。つまり、落ち込んだり自問自答したりするのではなく、怒りを感じるようになったのである。多くの女性が感じていた気持ちは、男性至上主義の秩序の中で生きる条件から生じた情動状態として理解するのが最も適切かもしれない。そして、その情動状態は、不完全ながらも、その秩序の中の矛盾に調和したものであり、その秩序を刻み直したり、それに挑戦するよう促す可能性を持っていたのかもしれない。女性解放運動という文脈は、複雑な情動状態を怒りと名づけることによって、その可能性を方向づけるのに役立った……。運動の文脈は、形のない情動状態が、名づけられた感情に翻訳される重要な場なのである。(Gould, 2010, p.34)。

私の考えでは、セラピーもまた、「形のない情動状態が、名づけられた感情に翻訳される」(Gould, 2010, p.34) 重要な場である。ナラティヴ・セラピーを概念化するなら、情動を認めることと、それを感情／意味へと引き込むことの間を縫うように進むことだとも言えよう。先に述べたように、マイケル・ホワイトが情動に同調し、それがどのように言語の中で名づけられるか（感情に変換されるか）に細心の注意を払っていたというジェフ・ジマーマン（Zimmerman, 2018, p.182）に私は同意する。

人々が情動を記述する方法の中には、ナラティヴ実践と相反するように見えるもの（そして、無意識に関する精神力動的な概念と、より同期するもの）[2]がある一方で、情動を無意識ではなくむしろ非意識、不合理ではなく非合理として強調したり、ナラティヴ実践者に、意味の交渉と経験の名づけに特に気を配るように促したりするものもある。私が情動論的転回から得た励ましは以下の通りである。[3]

- 一つの「感情」が名づけられたらそれでよしとするのではなく、いかなる経験も複数の（時に矛盾する）影響をもたらすという前提に立って、それを豊かに探求すること！
- 感情の名づけ方次第で、他の場合には価値を持つかもしれない他の名づけの可能性がいかに閉ざされてしまうかを意識すること！

そして、最も大切なことは以下の事柄である。

- 人々の経験が、規範的文化から外れた方法で名づけられる余地を確実に残すこと！　それでこそ、私たちの情動実践は、文化を受容するよう人々に要求するのではなく、むしろ文化を拡張するのである。これはもちろん、既存の用語に頼らず、「馴れ親しんだものを見知らぬ異国のものにする」[4]（M. White, 2004a, pp.vi–vii／訳書一〇－一一頁）ナラティヴ実践の伝統の一部である。それでこそ、人々は自分の言葉や用語で自らの経験を名づけられるのである。

このような慎重で規範に捉われない情動実践の鮮やかな例は、シドニーにある青少年向け精神科入院医療サービス「Uspace」におけるデイヴィッド・ニューマンの若者たちとのコラボレーションに示される[5]（Newman, 2008, 2015, 2016a, 2016b）。経験の名づけに、規範の複製を避けるための絶妙な配慮が必要な文脈があるとすれば、入院患者のメンタルヘルスサービスがそれだろう。

デイヴィッド・ニューマンと若者たちは、生きた「曖昧経験辞書（dictionary of obscure experiences）」（Newman, 2019）を作るためのコラボレイティヴな継続作業を行っている。その序文にはこうある。

私たちは時々、言葉を見つけるのが難しい、ユニークで複雑で曖昧な経験をするので、そのような経験のための辞書を作り始めました。この辞書は、これらの経験を前に出し、さらにそれに対するユニークな言葉を見つける方法となります。なぜこのようなことが重要なのか、その理由はたくさんあると思いますが、以下のコメントから推測していただけると思います。

「本当に専門的なお医者さんにかかっても、何も悪いところが見つからないと、自分が感じているることが存在しないみたいで、本当にいやな気分になります。でも、この経験にラベルをつけることができれば、また同じことが起こったときに、今感じていることを感じてもよいという許可が得られるわけです。それはまだそこにあるだろうし、相変わらずたわごとのように聞こえるかもしれませんが、ラベルがあれば、自分の人生に戻ることが容易になるのです」

「このような経験をすることを愚かしく思ったり、おかしく思ったりすることがあります。だから、ほかの人も同じようなことを経験しているのを聞くのはよいことです。そうすれば、それが普通だと思えるし、自分は変なエイリアンではないと思えるからです」

では、この拡張し続ける辞書の中から、Dで始まる四つの項目（本論執筆時のもの）を載せておこう。

Dali's death sentence［ダリの死刑宣告］——うつ病による時間の喪失や歪み。

Density［密度］——実にありきたりのものでさえ恐怖に感じるほど、不安が世界を縮み上がらせるとき。

Diagnestiny（Ref: 'diagnosis destiny'）［診断運命］——診断が運命になる瞬間。

Dropping［垂れ流し］——何も起きていないのに、頭が重くなること。朝から始まることが多いので、一日をいい気分で始めるという選択

肢もない。

デイヴィッド・ニューマンの曖昧経験辞書のようなイニシアチブは、特定の、注意深い、非直線的方法で、情動から感情へ横断するナラティヴ実践の伝統を継続するものであり[6]、次のような特徴がある。

- 適合性ではなく多様性を支持する。
- 情動を単一の感情に固定化しようとしない。
- 感情的経験について、既存のグローバルな用語に依存しない。

このように、ナラティヴ・セラピーは、「身体、言説、社会的文脈、歴史、個人の物語、情動の動き」（Wetherell, 2012, p.26）を横断しようとする「情動実践[7]」の一形態として理解することができる。

このような概念化が、「意識的な目的や意図、熟慮の上の選択、大切にしている信念、個人的価値観、育んできた願い、お気に入りの希望」（M. White, 2000c, pp.14–15／訳書三一頁）を優先しつつ、非意識の情動と関わるためのナラティヴ実践の方法を提供できればと思う。

感情を政治化する

ナラティヴ・セラピーが常に感情と関わってきたこと（感情を意味や行為から切り離さないこと）を認めると、ナラティヴ実践の場に広がるもう一つの可能性がある。それは、政治的感情[8]のプロジェクトに参加する可能性だ。

ブレイクスルー（少なくとも私にとって！）
＃３　公的感情プロジェクトについて考えると、とてもいい気分だ！
ナラティヴ実践者としての私たちが一緒に遊べる新しい仲間がここにいる……

感情を意味や行為から切り離すことを拒否することで、感情を政治化しようとする人々、例えばクィア活動家や「公的感情（public feeling）」プロジェクトに関わる人々とナラティヴ実践者の間で刺激的な共同作業が可能になる。ほかにも、Feel Tank のような公的感情プロジェクトは、「政治的うつ病」の概念を中心に組織化されている。

政治的うつ病が全面的にうつうつとした人を示すような概念ではないことは、強調されなければならない。実際、Feel Tankは、年季の入ったクィア活動家のグループに期待されるようなキャンプ的ユーモアをもって活動してきた。政治的うつ病国際デーを組織し、参加者にバスローブ姿で登場してもらい、伝統的な抗議活動はもうたくさんだとばかりに、「うつ病？　政治のせいかもよ！」というスローガンをTシャツに大書し、冷蔵庫マグネットにも掲げた。その目的は、否定的な気持ちを脱病理化して、そのアンチテーゼとしてではなく、政治的行動のための可能な資源として捉えられるようにすることである。(Cvetkovich, 2012, p.2)

これらの公的感情プロジェクトは、恥、失敗、メランコリー、うつ病といった否定的感情を脱病理化し、ユートピア、希望、幸福といったカテゴリーを「否定的感情の形態と絡み合い、それによって強化されさえする」(Cvetkovich, 2012, p.5) と再考する点で、西洋心理学における現在の幸福／ポジティヴ志向への抵抗の場となる。

そうすることで、先住民の詩人ビリー＝レイ・ベルコートが詩集『この傷が世界だ (*This wound is a world*)』で述べているように、異なる行動の選択が可能になる。

『いやな気持ちのアルファベット (*The alphabet of feeling bad*)』の中で、クヴェトコヴィッチとカリン・ミカルスキーは、「孤独や寂しさを共有することは、新しい形の集団を作る方法として可能か」と問いかける。『この傷が世界だ』は、それが可能だと主張する。孤独は、入植者植民地主義の情動生活にはつきものだが、それはまた、この世界には全く正しくない何かがあること、孤独は実は地平線の上にある新しい世界を喚起することを示す、一種の情動コモンズだと主張する。

(Belcourt, 2018, p.59)

私は、アン・クヴェトコヴィッチらが、うつ病をどのように政治化しようとしているのか、考えてみる価値はあると思う。

公的感覚がうつ病をキーワードとして取り上げるのは、**資本主義がどのように感じているか**……を記述するためであり、「生き方」と「気持ちの構造」として文化を理解するためにである……。公的感覚プロジェクトが求めるより豊かな日常性の説明は、カルチュラル・スタディーズの中心である権力に関するよりシステミックな説明を提供する新しい方法でもある。このように、うつ病、あるいはうつ病と呼ばれるもののオルタナティヴな説明は、ネオリベラリズムとグローバリゼーション、あるいは政治経済の現状を、情動的な用語で説明する方法である。(Cvetkovich, 2012, p.11)

公的感情プロジェクトの目的の一つは、個人的な絶望と集団的な絶望との間につながりを持たせることである。

私たち自身の絶望と、私たちが暮らす場所に存在する集団的絶望との間のつながりが不明瞭であることが、私たちの混乱と（政治的）うつ病に拍車をかけているのである。（Cvetkovich, 2012, p.81）

だから、アン・クヴェトコヴィッチたちは、特定の証言形式を求める。

個人的なものと社会的なものとの間を取り持ち、暴力が体系的に私たちをいやな気分にさせる文化の中で私たちが生きている理由を説明してくれるような証言形式を探してきた。理想を言えば、そうした証言形式が、そうした状況を生き抜く方法、さらには状況を変える方法について、何らかの手がかりを与えてくれることが望ましいのだが、せめて説得力のある説明、つまり、生きられた体験を症状リストに還元しないもの、治療文化の普及にもかかわらず未だに十分に公にされていない感情のためのフォーラムが提供されればよいのだ。（Cvetkovich, 2012, p.15）

私の考えでは、ナラティヴ・セラピーと集団的ナラティヴ実践は、公的感覚プロジェクトからのこうした呼びかけに応えるのに最適の位置にある。私たちは、ナラティヴ・セラピーと集団的ナラティヴ実践を利用して、人生と対抗文化的活動を維持するための情動コモンズを創造し、それに関与することができる。

個人と社会の間を取り持つ証言

このことを説明するために、「個人と社会の間を取り持つ証言」(Cvetkovich, 2012, p.15) として機能する最近の集団的ナラティヴ実践の文書の例を挙げたい。これは、難民としてオーストラリアにやってきた人々が、「うつ病の海を生き抜く」方法について語った集団的な証言である。

それは、アフガニスタン出身の医師であり人権活動家でもあるアブドゥル・ガファル・スタニクザイ (Abdul Ghaffar Stanikzai) (現在、彼と彼の家族はアデレードで難民認定を受けている) のイニシアチブで開発された。通訳として働いていた頃、アブドゥル・ガファル・スタニクザイは、自殺を図り精神科病棟に収容されている難民に出会った。彼らは祖国の暴力から逃れ、オーストラリアの移民収容施設での暴力や劣悪な環境に耐えながら、オーストラリア社会で生活していたが、生きる意志は希薄だった。

スタニクザイ博士は、絶望の淵にいる人々に何かを提供したいと考え、同じくうつ病の海に耐え、この地で新しい人生を歩んできた他の亡命者や難民にインタビューを進めた。彼と私は共同して、集団的証言を作成し、今では、アラビア語、ダリ語、ペルシャ語、ネパール語、パシュトゥー語の音声資料として公開されている (dulwichcentre.com.au/Surviving-the-ocean-of-depression/ 参照)。

証言にはいくつかのテーマがあり、それぞれが物語で説明されている。ここでは、その抜粋を掲載する。

うつ病の海を生き抜く

国は私たちにとって母親のようなものです。国を離れるということは、母親と離れるようなものですから、その背景には必ず重要な理由があります。私たちが国を離れたのは、命に関わる状況だったからです。私たちは、保護を求めていたのです。平和を追い求めていたのです。

……難民として飛行機でやってきた者もいます。庇護希望者として船でやってきた者もいます。地域社会で生活を始める機会を得るまで、何年も拘置所で絶望的な生活を送った者もいます……。

私たちは皆、仕事、社会生活、平和構築など、あらゆる面でオーストラリア社会の積極的な一員でありたいと願っています。しかし、私たちは、手酷い喪失感、心配、悲しみの時代を知っています。

希望を失い、人生を歩むことがあまりにも困難に思えたこともあります。うつ病の海で溺れそうになったこともあります。人生を終わらせようという思いに駆られそうになったこともあるはず……。私たちは、絶望やうつ病、心配を乗り越えてきた方法をいくつか紹介したいと思います……もしあなたが溺れかけているのなら、私たちの言葉があなたに届くことを願っています……。

人生勉強

オーストラリアに来たら、半年で英語が話せるようになって、大学に入れると思っていました。しかし、人生はそんなに単純ではありません。オーストラリアでは、高校に戻らなければならず、さらに三年かかると知りました。振り出しに戻るようなものだ……。ネガティヴなことは人を落ち込ませます。自信を奪います。失望をもたらし、過去に目を向けさせます。引きこもるのももっともです。家から出るのがとてもつらくなるのです。そこで私は、高校では（イランで修了した）中等教育だけでなく、人生勉強もするのだと理解しました。人生について学び、自分が学んだことが誰かの役に立つかもしれない。それが今、実現したのです。

人生勉強を通して学んだ最も重要なことは、忍耐です。私たちの文化には、「一晩で千里を旅することはできない」という言葉があります。これは参考になる言葉です。

また、目標をいくつか持つことの大切さも学びました。本命と同時に、もう一つ、小さな目標を持つことです。そうすれば、失敗の後にも成功への希望が残ります。誰もが医者や歯医者やエンジニアになれるわけではありません。医者や歯医者には患者が必要であり、患者の仕事もそれと同じくらい、あるいはそれ以上に重要な場合があります。どんなエンジニアでも、建物を作るには労働者が必要です。社会には不要な人はいません。

私の人生勉強から得たこの二つの学び、すなわち忍耐と、常にいくつかの目標を持つことは、新しい人生を切り開くときのサバイバル方法なのです。

涙と叫び

私にとって、涙は唯一の解決策です。涙の後には平和が訪れるのです。私たち母親の中には、叫ぶことで安心する人もいます。我が家では、つらいことがあると、私は早口で大きな声で話し始め、夫の前で叫び、「あなたの言うことは聞かない」と言います。そして、いつの間にか笑っているんです。叫んでから笑うと、いいようです。娘はこれをとても奇妙だと言いますが……。

ほかにも役に立つこと

［ここに掲載されていないテーマとして、「人を笑顔にする」「水は新鮮な発想をもたらす」「過去に避難する」「友人の笑顔」「先祖を思い出し学ぶ」「食事」「闇の後には光がある」などがあります］

これらは、私たちがうつ病の海をサバイバルするための考え方や技術です。私たちは、命がけの状況を踏まえて国を出ました。私たちは、保護を求め、探したのです。私たちは平和を追い求めていたのです。

私たちは、うつ病の海や心配の海について知っています。私たちは手酷い喪失感を知っています。

闇の後には光があります。

明けない夜はありません。

もしあなたが溺れかけているのなら、私たちの物語があなたに届くことを願っています。

私たちは、あなたとの出会いを待っています。(Stanikzai, Denborough, & Byrne, 2018)

この集団的証言の作成とその流布は、特殊な形の公共感覚プロジェクトであった。それは、精神科治療環境にいる亡命者／難民の強烈で個人的で孤立した経験と、同じくそのような「うつ病の海」を経験した他の人々との間に橋をかけようとするものであった。絶望だけでなく、インサイダー知識、忍耐とサバイバルの多様なスキルや伝統を尊重し、共有しようと努めている。そうすることで、リスナーが自分自身のサバイバル・スキルと再びつながるのを助けるために、ストーリーを使おうとしているわけだ。

同時に、この証言が（読者であるあなたも含め）より多くの人々に流布することで、「平和を追い求める」人々のさまざまな希望、献身、手酷い喪失感、貢献を公にしようと努める。願わくば、この証言が、国境帝国主義のためにオーストラリアで日常的に放送されている、亡命希望者の生活に関する不名誉な証言に対する対抗ストーリーを提供してくれることを願う（Walia, 2013)。

私がこの証言をここに掲載したのは、ナラティヴ・セラピーが感情に関与しないどころか、ナラティヴ・セラピーは常に感情／意味／行為に関与しており、これまでも関与してきたからだ。実際、情動論的転回が進む今、ポスト構造主義の実践の一形態であるナラティヴ実践の場は、ポスト構造主義と言説の考察、情動と感情の領域をまとめるのにうってつけの場であると私は考える。デイヴィッド・

ニューマンの曖昧な体験の辞書や、感情を政治化する公的感覚プロジェクトに付随する集団的証言は、ナラティヴ情動実践の多様な形態の二つの例にすぎない。

第三章のポイント：情動論的転回との関わり

» ここ二十年ほどの間に、社会科学や人文科学の分野で多くの著述家が、非意識の情動とその意識的感情との関係を探求するようになった。この動きは、身体の、あるいは身体に根差した経験に重きを置くものであり、「情動論的転回」と呼ばれている。

» ナラティヴ実践は、注意深く名づけ、意味づけをすることで、非意識的な情動を感情に引き込むプロセスであり、情動実践と理解することができる。

» このようにナラティヴ実践を理解することで、実践者は以下の励ましを得ることになる。たった一つの「感情」を名づけることでよしとすることなく、どんな経験にもある複数の（おそらく矛盾する）影響を豊かに探求すること。感情の名づけが、他のときには価値を持つかもしれない他の名づけをいかに閉ざすことになるかを意識すること。規範的文化から外れた方法で名づけられる経験にも余地を残すことを私たちが確実にしていること。

» このように理解することで、ナラティヴ実践者は意識的目的と意図を優先しながらも、非意識的な情動を考慮し、それに対処することができるようになる。

» 感情／意味／行為を分離することを拒否することで、ナラティヴ実践者は、「うつ病」のような感情／情動の状態を個人的かつ社会／政治的なものとして捉えるフェミニスト社会理論家の仕事と一致している。

» このことを認識することで、「公的感覚」プロジェクトに関わるナラティヴ実践者は、個人と社会政治的なものを取り持つ方法を模索することができる。

» 曖昧経験辞書や多層的な集団的証言のようなナラティヴな方法は、ナラティヴ情動実践の二つの形態として理解することができる。

次に控えているのは次の問いである。ナラティヴ・セラピーは、身体（body）、体性および身体に根差した経験（somatic experience and embodied experience）とどのように関わっているのか？

ブレイクスルー（少なくとも私にとって！）
#4　身体に根差したナラティヴ実践には、長い（語られていない）歴史がある

◆注

1 アン・クヴェトコヴィッチはこのように説明している。

情動論的転回とは、情動を力、強度、あるいは動かす能力、動かされる能力とするドゥルーズ理論に触発された一連の学問を意味する。このような研究において重要なのは、感情と情動を区別することである。前者は前認知的感覚経験や周囲の環境との関係を示し、後者は怒りや恐れ、喜びといった文化的構成やそこから生じる意識的プロセスを示すものである。(Cvetkovich, 2012, p.4)

2 特定の社会理論家が情動を概念化するさまざまな方法についてもっと読みたければ、ルース・レイスの論文を強くお勧めする。レイスは、一部の情動理論家が認知や意味から情動を切り離そうとする方法を、最も役に立つと思われる方法で、歴史的文脈の中に位置づけている。

ここで歴史的な視点が役に立つ。今日、情動理論に蔓延している反意図主義には、一九六〇年代初頭に始まった心理科学の発展にまで遡る系譜がある。当時、感情に対する二つの全く異なる科学的アプローチが同時に提案された。一つは、一九六二年に発表されたスタンリー・シャクターとジェローム・シンガーによる有名な(問題があるにしても)実験に関連したアプローチで、情動と認知が不可分であることを証明するものであった。これに対抗するアプローチは、同じく一九六二年に発表されたトムキンスの研究に関連するもので、情動と認知が全く別の二つのシステムを構成しており、それゆえ感情は反意図主義者の用語で理論化されるべきだと主張した。当初は、シャクター－シンガーの「認知」モデルが優勢であった。しかし、まだ十分に評価されていないさまざまな理由から、時間とともにトムキンスのアプローチが認知モデルを駆逐し、一九九〇年代には彼の立場が主流となった。今日、私たちが目撃しているのは、人文・社会科学の新しい情動理論家たちが、二十年以上にわたって情動科学で死守してきたのと同じ反意図主義を受け入れていることである。(Leys, 2011, p.469)

私の考えでは、ナラティヴ実践者たちは、意味から情動を切り離すという誤りを犯さない、感情に関する意図主義パラダイムに常に寄り添ってきたと思う。

したがって、現在の状況は、歴史家や批評家にとって、感情に関する相反する考え方の衝突が続いているという、興味深い現象を提供している。特に印象的なのは、エクマンの前提条件と研究方法によって形成され、訓練されてきた科学研究者たちが、反意図パラダイムに疑念を表明していることである。しかし、これらの科学者の反論がいかに強力で知的な決定力を持つものであっても、反意図パラダイムを覆すことは容易ではないだろう。トムキンスーエクマンのアプローチが現代の情動に関する神経科学研究にしっかりと根づいている理由を説明するものはいくつかある。例えば、心の進化論との連帯、情動システムと認知の独立性に関する仮定と、脳機能のモジュール化とカプセル化に関する現代の前提条件との一致、感情に対するイメージベースト・アプローチと神経画像技術の一致、標準化されたポーズつき表情写真をテスト刺激として使用することに基づくエクマンの方法の研究促進における便利さなど。ただし、この奇妙な状態がいつまで続くかは未知数である。(Leys, 2011, p.471)

3
ジョン・ウィンズレイドは、ドゥルーズとガタリの仕事が時に誤読される点に関して、私の注意を引きつけた。ドゥルーズとガタリは、精神分析をその病理学的側面から激しく批判したが、感情の「欠如」に重点を置いていた（Deleuze & Guattari, 1984/2004）。彼らは欲望（desire）を基礎的なものであると主張したわけだが、一方で欲望をセクシュアリティに排他的に強調することから切り離し、他方で、欲望は絶えず差異を生み出し、またそれを根源的に行っている生命の原動力だと述べて、その欠如からも切り離した。そのような差異は常に政治的なものだった。これらのことは、時にドゥルーズに対する深い誤読があることを示唆している。彼は、情動は（岩石を含む）すべての存在論的な生き物が経験するものであり、精神分析的な伝統にある無意識の概念とは全く異なるものだと主張したのである。(私信二〇一八年一月二一日)

4 マイケル・ホワイト（2004a, pp.vi–vii）は、ピエール・ブルデューのこの概念を参考にした。

5 デイヴィッド・ニューマンの仕事については、www.sydneynarrativetherapy.com.au を参照。

6 マイケル・ホワイトの子どもたちへの働きかけは、子どもたちが名前のない情動体験と格闘している様子を言語化する手助けをしていると読み取ることができる。例えば、七歳の少年リチャードが母親のジェーンと一緒にマイケルに相談に来たとき、彼は全般的に恐がりで、かなり身体が弱く、「学校恐怖症」だと考えられ、「心身症」だと思われる症状に悩まされていた。また彼には、慢性不眠があった。マイケルがリチャードに、彼の睡眠を奪っている「恐怖」を絵に描くように誘い、それについて外在化する会話をした後に初めて、リチャードは「彼らを教育する」計画を立て（箱を創造的に使うことを含む）、「オーストラリアとニュージーランドの恐怖バスターとモンスター手なずけ協会」（M. White, 2006 参照）の会長となるに至った。これは手練れのナラティヴ情動実践の一例と言えるだろう。

7 私は、マーガレット・ウェザレルから「情動実践」という言葉を引用した。ウェザレルは、ヴァレリー・ウォーカーダインの「情動コミュニティ」についての研究から引用している（Wetherell, 2012, p.23）。興味深いことに、ナラティヴ実践を「情動実践」として概念化することは、マリー＝ナタリー・ボードインとジェフ・ジマーマンが数年前の共著論文で述べていることと一致するように思われる。

私たちは、脱構築プロセスを、暗黙の情動（私たちが必ずしもそうであると意識することなく、経験から吸収された情動）と、私たちが人生において明示的、事実的、個人的、ないし文化的な知識とを結びつけるものとして考えることの有用性を検討し始めた。（Beaudoin & Zimmerman, 2011, p.5）

8 政治から感情を切り離すことを拒否する上で、ナラティヴ実践はフェミニスト的考察を引き出してきた長い歴史がある（C. White, 2016 参照）。例えば、それがラリーの「怒り」に関連したマイケル・ホワイト（M. White, 2001／訳書一一〇－一一一頁）の問いを形作っているのである。

イメルダとエリックは、最近のある事件をきっかけに相談を求める決心をした。「怒りの発作」の最中に、ラリーが母親の喉にナイフを突きつけたのである。イメルダにとって、これが「最後のひと突き」だった。彼女は、二度と戻らないと宣言して、荷物をまとめて家を出た。しかし、従兄弟の家で二、三日過ごしたあとで家に戻り、もう一度だけチャンスをやろうと言った。私への相談は、この最後の賭けだったのである。

面接が始まるとすぐに、私は、ラリーが母親に対してどれだけ怒りをぶつけるかを知り、母親への脅しも全く珍しくないことを知った。そこで、彼が怒ったときの行為について情報を集めることにした。

M　お母さんに対してどれだけ頭に来るのか聞かせてもらったけど、ひとつ興味があるのは、お父さんにもそんなに頭に来るの？

ラリー　うん。

M　お母さんとお父さん、どっちが余計に、頭に来る？　それとも同じぐらい？

ラリー　同じさ。

M　じゃあ、お父さんにナイフを突きつけたことはある？

エリック　［首を横に振る］

ラリー　ないよ。

M　考えたことはある？

ラリー　ない。

エリック　［首を横に振る］

第四章　ナラティヴ・セラピーと身体

デイヴィッド・デンボロウ

ナラティヴ実践者の中に神経科学に惹かれる人がいる理由の一つに、身体に根差すこと（embodiment）への関心がある。

私自身は、身体に根差すことに魅了されていて、外在化する言語のもとで脳と身体で何が起こっているかを感じ取ることは、並外れたことだと考える。（マリー＝ナタリー・ボードイン私信――二〇一九年六月七日）

私は、マリー＝ナタリーのこうした領域への関心に共感している。このセクションでは、ナラティヴ実践と身体に根差すことについての議論に貢献することを願い、ナラティヴ・セラピーと身体の関わりの長い歴史を見ていく。興味深いことに、ナラティヴ・セラピーが最初に発展した背景には、夜尿症や尿失禁、いわゆる「転換性障害」（医学的に説明できない失明や麻痺などの身体症状を示す子ども）、拒食症、命に関わる慢性でしばしば障害を伴う喘息などに悩む子どもや若者との関係があった(Epston, 1999)。

ナラティヴ・セラピーが身体に根差した経験に関わる方法は数多い。涙という身体表現に対して、ナラティヴ実践者が感情、意味、行為を切り離さないことで対応していることはすでに述べた通りだ。[1] ナラティヴ・セラピーが感情と意味や行為を切り離すことを拒否するように、ナラティヴ実践者は心／身分割に与しない多くの方法で身体と関わっている。[2]

このことを示すために、私はマイケル・ホワイトの著作に立ち返り、彼の仕事が身体とどのように関わっているかを調べてみた。以下に、ナラティヴ・セラピーが身体の経験（bodily experience）と関わる六つの異なる方法を挙げ、それらを説明するための質問を直接引用する。ほかにもいろいろな方法があると思うので、お考えがあればぜひ聞かせてほしい。

1．外在化する会話には、身体の扱い方や身体への関わり方に問題がどのように影響を及ぼしているのかという考察が含まれる

例えば、自己嫌悪に関連して、以下のような問いがある。

自己嫌悪は、あなた自身について何を語っているのでしょう？
それは、あなたが何者であるかについて、どんな種を心に植え付けているのですか？　それは、あなたに自分の体をどのように扱わせていますか？
それはあなたに、思いやりのある扱い方を求めますか、それとも権力的で規律・訓練的なやり方を取るよう仕向けてきますか？（M. White, 2004b, p.125／訳書一二九頁）。

自己嫌悪が君に自分自身の体をどう扱わせているのか話していたとき、君は、それが自分に切ることを要求すると言ったよね。私には、それがどういうことなのかわからなかった。すると君は、訓練のひとつだと言った。結局、それは君にとって、どんなことなんだろう？（M. White, 2007, p.47／訳書四三頁）

2．ユニークな結果が自分の身体との関係にどのような影響を与えたかを探る

以下の質問は、拒食症に関連したナラティヴ・セラピーの長い歴史から導き出されたものである。

自分自身を取り戻すというステップは、体に対するあなたの態度をどのように変えたのでしょうか？

これは、あなたの体についての過去の他人の中傷を払拭したと思いますか？（M. White & Epston, 1990, p.158／訳書二二四頁）

重要なのは、この第二の質問もまた、身体との関係を権力関係の文脈の中に位置づけていることである。

3．ジェンダーによって、人々は自分の身体に関わる行動をどのように変えるのかを探る

以下の質問は、男性らしさに関する特定の支配的概念の影響に関連している。

このような考え方や生き方は、あなたの人生や身体、魂に対してどのような操作を行うことを要求していますか／しましたか？　このような考え方や生き方は、あなた自身とどのような関係を築かせますか／かせましたか？　これらの考えや生き方は、あなたの人生をどのように形成していますか／しましたか？（M. White, 1992, p.50）

4．経験に近い問題の特徴化として、時にそれは身体の特定の部分と関連づけられる

以下は、「外在化と責任」（M. White, 2011b）と題された章からの抜粋である。この章では、弟妹に

暴力をふるったり、母親に暴行を加えたり、父親に暴行を加えようとしたことのある青年との外在化する会話が描かれている。暴力行為は「傷つけること」と名づけられている。この青年が「傷つけること」に関連して何らかの立場をとるのを助けるために、マイケルは身体についての考察を加える。青年の母親も同席していた。

その会話の別の局面では、彼の母親が泣いているようなので、この「傷つけること」が彼の感じ方にどう影響しているかについて、彼に少し尋ねる。そこで、「さて、それは君をどんな感じにするかな？　悲しませるかな？」と尋ねる。彼にはよく分からなかった。もう少し話してみると、彼は、それは自分を悲しませると言う。「それじゃあ、その悲しみはお母さんに現れるように、君にも現れるのかな？　たとえば涙を流すとか、それとも違う方法かな？」と私が訊くと、彼は「違う方法で」と言う。「じゃぁ、お母さんの体か、君の体かどっち？　ここか、あそこか、それともそっちかな？」と聞いてみると、彼はさまざまな選択肢の中から心臓のあたりを選ぶ。そこで私は、「君の心臓でその悲しみを感じているとき、どんな気分だろう？」と尋ねる。すると彼は、「今のところ、ただ一人ぼっちな感じがする」と言う。今まで、彼は人生についてのこうした理解に全く声を与えてこなかった。これは全くの新しいことである。だから、これもまた進歩だ。彼は暴力行為を「傷つけること」に結びつけ、悲しみに結びつけ、それが彼の体のどこに触れるかに結びつけ、一人ぼっちの人生、ということに結びつける。そしてこれらはすべて新しい展開なの

だ。（M. White, 2011b, p.120／訳書一一三―一一四頁）

5．面接室で身体に根差した表現へ注意を向ける

面接室で身体に根差した表現に気づき、それに注意を向けることが重要な意味を持つことがある。この実践物語では、マイケルはまず、話し言葉による表現が提供されていないときに、ある青年の肩をすくめたりうなずいたりすること（身体表現）に関わり、そして一筋の涙の意味を認めている。

これによって、私たちの作業をもっと共同的にする扉が開かれた。「ダニエル、自分自身について否定的なイメージを植え付けられるのは、どんな感じだい？」このときばかりは、ダニエルも肩をすくめはしなかった。彼が両親をチラッと見たので、それを合図に、私はふたりにこう尋ねた。「あのように否定的な人物像を信じ込まされるのは、ダニエルにとってどんなことだと思いますか？」。トムが答えた。「彼を孤独にさせ、惨めにもするでしょう」。そして「ダニエルは、人知れずそれを悲しんでいると思うわ」とルーシーが続けた。「どうしてかって言うと、朝時々、ダニエルの枕が濡れているのです。あれはきっと涙のせいよ」。彼がこれを認めるかどうか知りたくて、私は彼の方を見た。すると、思いもよらないことに、彼の目には涙が浮かんでいたのである。私たちは皆、その光景を目にした。ダニエルは横を向き、涙の蒸発装置を作動させた。彼が振り返

ると、涙はすっかり乾いていた。しかし、この涙を境に、事態は一変した。そこには、真っ直ぐ前へ延びた道があった。この涙の存在は、他の人たちと同じように、ダニエルもこの問題について、一家言持っているという証であった。今や、どうしていいか分からないほどの窮状から逃れて自分たちの人生を切り開く努力の下に、この家族がお互いに――私とも――繋がる、はじめてと言える機会が訪れたのだ。（M. White, 2004b, p.123／訳書一二七頁）

6. 心身の行き詰まりを回避するための支援

マイケル・ホワイトとデイヴィッド・エプストンは、子どもたちとの初期の仕事で、心身の行き詰まりを回避する方法を数多く紹介している（M. White & Epston, 1997 参照）。それは、人々が（彼らの身体を含む）何に価値を見出すかを尊重しつつ、身体に根差した経験の間を意味へと移動することも含んでいた。

マーティン（八歳）と両親が、彼の恐怖について相談に来た。この恐怖は、マーティンが四歳の頃から彼の人生を特徴付けるものとなっており、その影響はますます広範囲にわたっていた。それは、頭痛や腹痛を含む否定的な身体現象や、社会的文脈における深刻な不安感、不眠、そしてさまざまな心配への強いとらわれと関連していた。マーティンの両親は、この真相を探るためにあらゆる努力を惜しまなかった。しかしながら、あらゆる調査の甲斐なく、彼らは、マーティンが単なるこわがりなのだと結論付ける危険を冒そうとしていた。

すぐさま外在化する会話を始めると、マーティンは初めて自分の心配を率直に特徴付けた。私は彼に、心配一つ一つに名前をつけて、はっきり区別できるようにすることや、それらを図にすること、それらの活動や作戦行動を暴露すること、それらの活動や作戦行動の結果を説明すること、そしてこれらすべてが彼の人生に対する心配の計画について何を語っているか結論するよう励ました。こうして、外在化する会話は実体のないものに形を与えた。また、以前はマーティンの人生にあらゆるものを含んで存在していた問題には、境界ないし縁があてがわれた。私たち全員が心配のこうした本質により詳しくなったとき、私は、心配を支持する勢力について質問する機会を見つけた。そこで心配が豊かに特徴付けられると、マーティンは何の苦もなく人生の文脈に心配を関係付けていった。私が彼から学んだのは、こうした心配が、二〇〇四年の津波、アフリカにおけるエイズ、イラクとアフガニスタンでの戦争、中東の自爆テロといった世界的出来事に強力に支持されていることだった。彼は一体どうやって、それほどそれらの出来事に通じていたのか。両親に気づかれずに、彼は日頃から世界のニュースをテレビで見ていたのだった。

気がつくとマーティンは、両親と、彼の心配の正当性を立証する会話に入った。心配は、もう理不尽と思われることはなかった。マーティンは心配との結びつきを感じるだけでなく、人生の価値を賞賛することを経験し、両親がそのことで自分を誇りに思っているのを感じた。両親の目には、マーティンはもうただのこわがりの少年ではなくなり、心配についての会話や、それに取り組む計画への両親の参加は、マーティンに大きな安心をもたらした。心配の身体に根差した否定的影響は、不眠や不安感の大部分と同様まもなく解決した。彼は依然として世界の出来事を非常に心配していたが、その心配は、人生を進めなくさせるほどのとらわれではなかった。もしもセラピーの文脈で不安が完全にネガティヴな言葉で理解されたとしたら、マーティンと彼の家族がこのような方法で彼の心配に取り組むことは、決してなかっただろう。(M. White, 2007, pp.35–37／訳書三四－三五頁)

この実践の話は、私にとって本当に重要なものだ。身体に根差した経験を尊重し、その意味を探求することで、それまで不合理と理解されていたことが不合理でなくなったのだ。心身の行き詰まりは回避されたのだ。

感情的姿勢と身体的姿勢とストーリーをつなぐ

ほかにも多くの人々が、心身分割を回避する方法で、ナラティヴ実践と身体に根差した経験について書いている。例えば、心身の問題のための治療的対話に関連してジェームズ・グリフィスとメリッサ・エリオット・グリフィス（Griffith & Griffith, 1994）、セックスセラピーに関連してヤエル・ゲルショニ、サヴィオナ・クレイマー、タリ・ゴゴル＝オストロスキー（Gershoni, Cramer, & Gogol-Ostrowsky, 2008）、慢性疼痛に関連してローレル・フィリップス（Phillips, 2017）、性的虐待に関連してスー・マン（Mann, 2004）、多様な身体と障害に関連してカーラ・ライスら（Rice et al., 2005）、病の語りに関連してケート・ワインガルテン（Weingarten, 2001）、ナラティヴ実践に身体を取り入れることに関連してエレーニ・カラゲオルギュー（Karageorgiou, 2016）などが挙げられる。また、バイジェンダー、ノンバイナリーおよびトランスジェンダーの作家の著作（Benestad, 2016; Sawyer, 2013）も影響を及ぼしている。[3]

さらに、私はグレンダ・フレッドマン（Fredman, 2004）の研究を特に高く評価する。ジェームズ・グリフィスとメリッサ・エリオット・グリフィス（Griffith & Griffith, 1994）の「感情的姿勢（emotional postures）」という概念に基づき、私たちの身体が他者や自分自身に対してさまざまな方法で反応し、注意を向ける準備が整っていることに関係している（Fredman, 2004, p.77）。グレンダ・フレッドマンは、感情的姿勢、身体的姿勢、そしてストーリーを結びつける方法を探っている。例えば、ギャビンがうつ病の経験を特定の身体的姿勢と関連づけたとき、グレンダは次のような質問をした。

以前、自分の身体でこのような感覚を覚えたのはいつですか？　まるで自分の人生の物語本があって、自分の人生のページをめくるとすると、自分の人生のどの部分がこの身体の姿勢と最も結び

ついているのでしょうか？（Fredman, 2004, p.73）

再著述する会話を通じて、オルタナティヴな好ましい姿勢も確認され、それは「頭を持ち上げる」と名づけられるようになった。

グレンダ　頭を持ち上げる、う〜ん、もう一度、あなたの人生の物語を読み返してみましょう。頭を上げるという感覚、つまり今、身体の中で感じている感覚は、いつ頃持っていたのでしょうか？

（Fredman, 2004, p.75）

これは、身体を意味や行為から切り離すことを拒否する、もう一つの作業方法であるように思われる。[4]

身体に根差すこととナラティヴ実践に関連して、魅了されるものは実にたくさんある。身体に根差したナラティヴ実践のさらなる例をいくつか取り上げる前に、身体に注意を払う際に考慮すべきことがいくつかある。

マインドフルネスとの関係

この特別な文化的瞬間において、神経科学への転回と情動論的転回は、マインドフルネスへの関心とも絡み合っている。ナラティヴ実践者の中には、現在、マインドフルネスを自分の実践の中に取り入れるだけでなく（Marlowe, 2017）、瞑想／マインドフルネスに関する自身の深い肯定的体験から、それをクライエントに勧めないのは倫理的に問題があると考える者さえいる（Zimmerman, 2018, p.25）。

私は多様な瞑想実践に非常に興味はある[5]（これについては後述）が、それは私に多くの疑問を投げかける。第一に、マインドフルネスは、仏教の伝統的な心の訓練と結びついている（Percy, 2008参照）。もし実践者が、キリスト教の瞑想的伝統、イスラム教の瞑想的伝統、ユダヤ教の瞑想的伝統、ヒンズー教の瞑想的伝統（ヨガなど）、先住民の瞑想的伝統、世俗の瞑想的伝統などの特定のバージョンにおいて非常にポジティヴな個人体験をしたら、その文化的瞬間に相談者すべてにそれを勧めなければと思うだろうか？　第二に、私は幼少期に生命を脅かす喘息を経験し、そこで呼吸には十分に集中したせいか、西洋の治療文化の一部として現在流布しているマインドフルネスの主要な形式はしっくりこない[7]。決して、マインドフルネスや瞑想、呼吸への集中がほかの人々にとって持つ意義を否定したいわけではない。実際、それこそが私の主張であり、私の命を縮めるものがほかの誰かの命を救うこともあるわけだ。つまり、ナラティヴ実践が、他者に癒しの方法を勧める専門家とは一線を画そうとする理由が、そこにあるのではないだろうか？

確かに、瞑想実践とナラティヴ実践を結びつける方法はある。例えば、人生において特定の思考影響から解放された瞬間の感覚を探ることはできるし、そのような瞬間や感覚的経験、それを可能にするもの、さらにそのような経験を育む方法などを解明したり豊かに表現したりするためにナラティヴ実践を利用することができる。また、その人が関わっている瞑想の実践や伝統について学び、豊かに探求することも可能だ。あらゆる精神的、宗教的伝統に関連する瞑想実践はもちろん、芸術、スポーツ、身体に根差した探求、自然との関わりなどと同様、多様である。これらの瞑想領域での身体に根差した経験は、ナラティヴ実践に関わることで、尊重され、引き出され、豊かに描写されることが可能である。

また、さまざまな瞑想的な伝統に組み込まれているナラティヴ実践者から学ぶことも多くある。例えば、イアン・パーシーの論文「気づきと著述――マインドフルネスとナラティヴ・セラピーにおける自己概念」(Percy, 2008) は、ナラティヴ・セラピーと仏教に基づくマインドフルネス双方についての数十年にわたる研究実践だ。彼は、「相互作用と補完」の可能性について興味深い話をしている。彼は、治療的な会話の中でジェスチャーを含む体性経験に注意を払いながら、非言説的な知り方と言説的な知り方にも注意を払うのである (Percy, 2008, p.364; Percy, 2016, 2017 も参照)。

イアン・パーシーの研究で興味深いのは、彼が両方の伝統に影響を与える社会的位置、歴史、思想伝統を認め、仏教の教えとナラティヴ実践の類似点と相違点の両方に厳格に取り組み、それらが互いに提供しうるものを備えていることである。

仏教の教えでは、物語が持つ構成的な力、そしてそれが（瞑想の追求を含め）人々の人生や人間関係をいかに強く形作るかについて、理解が欠けているように思われる。思うに、欠けているのは、誰の人生であれ多層的な人生に対する評価から逃れようがないことと、世界の倫理的在り方に人々を結びつけることができるようなストーリーラインなど、ストーリーを作ることで瞑想実践を高める、物語の潜在的な可能性に対する評価である。一方、マインドフルネスは、セラピーにおいて言語的関係領域に与えられている特権に挑戦している。マインドフルネスを取り入れることで、身体感覚や感情・精神状態の即時性に対して、これまでとは異なる直接的な関わり方ができるようになる。(Percy, 2008, p.363)

また、イアンは、ナラティヴ・セラピーがどのようなものかを強調している。

それは、ジェンダー、セクシュアリティ、障害、エスニシティなど、人々が直面する問題の原因となるような、有害なコミュニティの慣習を見極めようとする……。そして、どのような物語が語られ、誰にその物語を語る権限があり、どのように語られるかということになると、常に権力

関係が働いていることを真剣に……〔受け止めているのだ〕……（Percy, 2008, pp.363-364）

このような意識は、私が「ソマティック・コンシール（somatic-conceal）――体性隠蔽」と呼ぶ、より広い社会的勢力への焦点化を犠牲にして身体に目を向ける可能性を減らすことができる。[8]
私は、仏教の影響を受けた瞑想の伝統（マインドフルネス）を受け継ぐイアン・パーシーのようなナラティヴ実践者から多くを学んだように、イスラム、キリスト、ヒンズー、先住民、ユダヤ、世俗の瞑想の伝統からも、多様な形のナラティヴ実践や身体経験への関わり方を学ぶのを楽しみにしている。

身体に根差したナラティヴ実践

ナラティヴ実践と身体には、さらに議論しておきたい別の領域がある。マイケル・ホワイトが椅子から転げ落ちたときに、九歳のリチャードがマイケルの手から恐怖の箱を取り上げて助けたという話（M. White, 2006）を読んだ人なら、「身体に根差したナラティヴ実践」とでも呼ぶべき長い歴史があることをご存知だろう。好みのアイデンティティについて話し合うだけではなく、好みのアイデンティティを上演する行為にも出る方法だ。

もっと最近の身体に根差したナラティヴ実践の形態について簡単に触れておこう。私は、面接室の外での実践に特に関心を持っているが、そこではさまざまな身体に根差すことが可能だ。例えば、「チーム・オブ・ライフ（Team of Life）」というナラティヴ・アプローチ（Denborough, 2008）で私が気に入っているのは、ウガンダ北部の難民キャンプでサッカーが大好きな若者たちからヒントを得たものだが、そこで各若者の「チーム・オブ・ライフ」がすでに決めた「ゴール」をエナクトし直すときだ。

これに先立ち、若者たちはそれぞれ、自分の人生やアイデンティティをチームに見立てて描いた「チームシート」を作成し、「ゴールマップ」も描いている。

他の若者によって名づけられたゴールには、「困難な時期を共に過ごす」「学校にとどまる」「友情」「学業成績」などがある。

以下の抜粋を通して、ここアデレードのキャンプで、「同伴者なしの未成年者」（難民）としてオーストラリアにやってきた若者たちと行われた、身体に根差した祝福の経験を少し伝えようと思う。

若者と彼らの「チーム・オブ・ライフ」を描いたチームシート

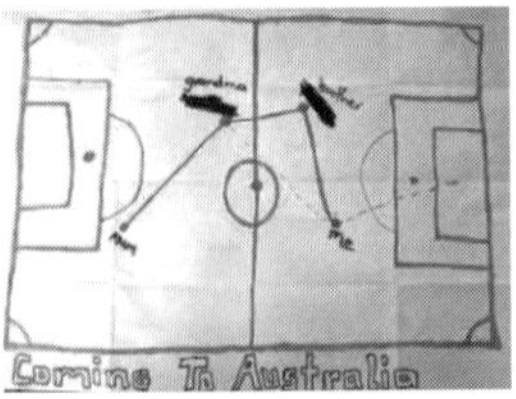

この「チーム」がすでに獲得したゴールと、そのゴールに対するさまざまな人の貢献を描いた「ゴールマップ」

チーム・オブ・ライフのプロセスの一環として、私たちはバスケットボールのコートにもなっている小屋に移動した。ものすごくエネルギッシュなバスケットボールの試合と活気に満ちたサッカーの試合が同じフィールドで繰り広げられるわけだから、当初は組織的な混乱が見られた。タイムアウトになったとき、私たちは集まり、若者たちにゴールを祝う好きな方法を教えてほしいと頼んだ。手拍子、叫び声、歓声、太鼓、ハグ、泣き声、バク転、シャツを脱ぐ、上乗り、地面を滑る、ハイタッチ、背中を叩く、フライキス、親指を立てる……。

……そして、私の大好きな時間がやってきた。それぞれのチームのゴールを祝うときだ。若者たちはそれぞれサッカーボールやバスケットボールを手に、ゴールマップを演じる。私たちはそれぞれの若者たちにどんな形でお祝いしてほしいのか尋ねておいたので、人々はいろいろな貢献を示し、私たちはボールをパスし合い、そのボールを若者が小屋のドアから蹴り出して、「GOOOALLLLLLL!」を象徴する。ボールがドア（ゴール）を通り過ぎると、拍手と歓声が沸き起こり、若者たちは走り回り、キスをし、シャツを脱ぐふりをし、地面を滑り、親指を立てるなどした。この頃になると、若者たちはこうした祝福のパフォーマンスに進んで参加するようになった。これは小さな定義的祝祭である（Myerhoff, 1982）。大きな苦難に直面しながらも多くのことを成し遂げたチームのメンバーとして、若者たちのアイデンティティを定義し直す祝福儀式なのだ。（Denborough, 2012, pp.47–48）。

この記述をここで取り上げた理由は、現代の身体に根差したナラティヴ実践の一例として、ストーリーや心と身体が分離されていない、好ましいストーリーラインを身体的に演じ証人になることである。[9]

文化的・集団的考察

ナラティヴ実践がどのように身体と関わるかを考える際、文化的・集団的な考察が登場する。このことを説明するために、ルワンダのナラティヴ実践者の仕事に目を向けてみよう。ルワンダの実践家たちがナラティヴ実践の場を広げてきた歴史はかなり長い。[10] 昨年、キヴ湖畔で行われた研修で、ベアタ・ムカルサンガは、ルワンダ人がカウンセリングを受ける場合、しばしば我慢している身体的痛みやうずき（pain and ache）について話すのだと語った。ベアタによれば、このことは日常的にカウンセリングの出発点なのである。

したがって、ルワンダのナラティヴ実践者は、問題が身体的な病気として表現される場合に、ナラティヴ実践をどのように用いるかに特別な関心を抱いている。すなわち問題が身体に根差す場合が肝心なのだ。以下の質問は、ルワンダの文脈に関連して作成された。ここに挙げたのは二つの理由からである。第一に、文化的な多様性に目を向けるために。私たちが身体に根差した経験にどのように関わることができるかは、実にさまざまなのである。以下のリストにある質問は、あなたの文化的背景には当てはまらないかもしれない。例えば、「この痛み／うずきが歌だとしたら、どんな歌になるでしょうか?」ないし「もしこの痛み／うずきに語り（歌い）返すとしたら、何を語り（歌い）たいですか?」オーストラリアとは全く異なる形で歌が日常生活の一部となっているルワンダでは、「どんな歌を歌いますか」という問いかけは、非常に異なる聞こえ方をする。そして第二は、個人と集団の経験についての考察に注意を向けるためである。きわめてしばしば、身体的経験についての会話は、個人の身体に根差した経験に焦点を絞って行われるようだ。しかし、ルワンダでは（そしてほかのどこでも）、自分の身体に根差した経験がどのように他者の経験と関連ないし貢献する可能性があるかを探る機会がある。

以下はその質問である（［＊］はシスター・セラフィン・カイテシルワが提案したもの）。

- その痛み／うずきはいつからありますか?
- それは、どのようにあなたの人生に現れたのですか?
- そのとき、あなたの人生／家族／地域社会／ルワンダでは何が起こっていましたか?
- この痛み／うずきにどんな名前をつけますか?（以降は、その人がつけた名前を使う）
- それはどこにやってきますか?　身体のどの部分ですか?
- その痛みがある場所を絵に描くとしたら、どんな風ですか?［＊］

- なぜその場所が居場所になるのかわかりますか？
- それはどのような形をしていますか？　それを私に説明してくれますか？　形はありますか？　色は？　音は？
- その痛み／うずきはあなたの生活の中でどのように作用していますか？
- どんな戦略やトリックを使うのでしょうか？
- それはあなたにどのような影響を与えますか？　また、ほかの人にも影響を与えますか？
- これらの影響はプラスですか、マイナスですか、それともその両方ですか？　なぜでしょう？
- もしこの痛み／うずきが話せるとしたら、あなたや私たちに何を言うでしょうか？
- 痛み／うずきがどのような種類のことを言うのか聞こえますか？［＊］
- どのような調子で話しているのでしょうか？
- この痛みは時間によって違うことを言いますか？［＊］
- もしこの痛み／うずきを歌にたとえるなら、それはどんな歌でしょうか？
- もしあなたがこの痛み／うずきに対して話したり歌ったりするとしたら、何を話したり歌ったりしたいですか？　あなたはそれに対してどんな歌を歌いますか？
- この痛み／うずきが訪れる人をほかに知っていますか？
- この種の痛み／うずきに最も悩まされやすいのは誰ですか？
- この痛み／うずきがあなたの人生や、おそらくほかの人の人生にも影響を与えることは公平だと思いますか？

- 同じようにこの痛み／うずきに耐えている人たちに言いたいことはありますか？
- あなたが学んだことで、同じように苦しんでいる人たちと共有したいことはありますか？
- この痛み／うずきが最も強いのはいつですか？
- そのとき、何が起こっていますか？　あなたはどこにいますか？
- それをより強くするような仲間／味方がいますか（貧困、悲しみ、他人が残酷なこと）？
- この痛み／うずきの「チーム」は誰／何ですか？
- この痛み／うずきが最も弱いのはいつですか？
- そのとき、何が起こっていますか？　あなたはどこにいますか？　あなた／ほかの人たちは何をしているのでしょう？
- 痛み／うずきを弱くするために、誰が／何があなたの「チーム」になっていますか？（人だけでなく、祈り、会話、歌など）
- あなたの身体に安らぎを与えてくれる儀式、場所、食べ物、歌、思い出がありますか？
- これらを教えてくれたのは誰ですか？　これらのうち、何かほかの人と共有しているものはありますか？
- これらのうち、何か一緒にできることはありますか？

身体に根差した会話

この論文の締めくくりとして、もう一つ重要だと思われるテーマがある。ナラティヴ実践は政治の一形態であり、この政治の一つの要素は、専門家文化のかなりの部分を占める実体のない話す行為や普遍的専門知識の主張に対する挑戦である。マイケル・ホワイトは、こうした「専門家」的で「実体のない（disembodied）」話し方の影響について、私のお気に入りのインタビューの一つ、ケン・スチュワートによる「精神病経験と言説」で語っている（M. White, 1995b）。以下に、そのインタビューから抜粋する。

マイケル　この仕掛けは、「専門家の」話し方と関係しています。その中には（a）人々の話す行為と関係している動機や意図を曖昧にすること、（b）知識の申し立てを生み出す個人的経験を無視すること、（c）人々にとっての好ましい現実を構成する際の個人的および対人的困難や葛藤についての情報を排除すること（ここには知識の申し立ての成立をめぐって論争した個人的経験の消去も含まれる）、（d）ジェンダーや人種、文化、階級、職業、性的嗜好性などといった社会的位置付けによりもたらされる個人的資質から注意をそらすこと、（e）「包括的な」知識の申し立てを背景とした議論と異議申し立ての歴史を切り離すことなどが含まれているのです。

ケン　あなたが今言われたようなことが、この仕事について言外に伝えることは何でしょうか?

マイケル　まず、実体のない話す行為は、それに服従する人々をまさにディスエンパワーします。完全に人々の心を奪い、厳重に人々の応答を制限してしまうのです。しかし、このような話す行為の説得力と印象度は、身体に根差すことの原理によって打ち破ることができます。話す行為を話し手のさまざまな文脈の中に位置付けることによって、打ち破ることができるのです。(a) 話し手の動機や意図という文脈、(b) 話し手が人生経験を意味付ける過程において経験した困難や葛藤も含めた個人的経験という文脈、(c) ジェンダーや人種、文化、階級、職業、性的嗜好性などといった社会的位置付けによってもたらされる個人的資質、または話し手の客観的知識の申し立てを背景とした議論の歴史を生み出すことでもたらされる個人的資質という文脈などです……。

話し手が自分の意見を自分の意図という文脈に位置付けるよう励ますためには、次のように質問します――私が何をすべきか、あなたにはしっかりした意見がおありですね。その意見を次の問いに答えるつもりで声にしてみてください。「あなたは、ご自分がしっかりした意見をもっていることが私のすることにどのような影響を与えればよいと思っていますか?」　もしもあなたがこの機会に首尾よく私のすることに影響を与えようとお思いなら、そのことは、私の人生に対するあなたの目標全体にどのようにフィットするでしょうか？　あなたがご自分の意見によって私が今していることをどのように形作りたいか、私もいくらか理解しているつもりです。そのことは、私の人生に対するあなたの一般的目標にどのようにフィットするでしょう？　そのことは、私の人生に対するあなたの計画にどのようにフィットするでしょう？

話し手が自分の意見を生きられた経験に位置付けるよう励ますには、次のようにやってみます――その意見を形作るのに中心的役割を果たしてきた、あなた個人の人生経験について話していただけませんか？　これは私にとって役立つと思うのです。というのは、私は、あなたの意見をどのように受け取ればよいかもっと知りたいですし、そうすれば、あなたの見方と私の見方でフィットする部分を確認できるでしょう。ことによっては、私も自分の人生経験をいくつか披露して、その人生経験から得た結論のいくつかをあなたと共有できるかもしれません。

話し手が自分の意見を社会における立場という文脈に位置付けるよう励ますには、次のようにやってみます――この種の意見は、どのようなサークルの中で強く支持されるでしょうか？　どのようなサークルであれば、全員がこの意見を受け入れるでしょうか？　もしもこういった人々の中で私たちを支持してくれる人がいるとすれば、どのようにあなたの意見を支持してくれるでしょうか？　もしもこういった人々の前で、あなたが異義を唱えたとしたら、どのようなプレッシャーを経験するでしょうか？　あなたがそれに従わない時は、どんな結果が待っているでしょうか？

ただし、これらは、実体のない話す行為によって擁護される「真実」を脱構築できそうな質問の例に過ぎません。さらに強調しておかなければならないのは、これらの質問は答えが返ってこなくても有効だということです。このような質問に答えるうちに、実体のない話す行為に服従している人々は、わずかたりとも奪われた心を取り戻し、新しい行為の可能性を目の当たりにするからです。(M. White, 1995b, pp.128–130／訳書八〇－八二頁)

この抜粋を掲載した理由は二つある。第一に、ナラティヴ実践の政治性が身体に根差すことに基づいていることを伝えるためだ。そして第二に、神経科学の名のもとになされたさまざまな実体のないグローバル知識の主張が、現在、心理療法やナラティヴ・セラピー分野に影響を与えているからである(Lainson, 2019; Zimmerman, 2018を参照)。その中には、「心的外傷後ストレス障害」の影響を受けている人は「右脳情報にほとんど直接アクセスできない」という主張、あるいは「内気さは右脳の過剰反応性で、遺伝の可能性が高い」「通常、女性の脳に多く存在するオキシトシンが、女性を世話好きで、仲良しで、穏やかにし、連帯させる」「食欲不振は『報酬処理の異常』によるものではないか」という主張も含まれる。

私の知る愛してやまないナラティヴ実践を特徴づけているのは、疑わしいグローバル知識の主張に対する警戒心だ。もし私がこの論文で主張したことが大袈裟で、非論理的で、あるいは読者の皆さんに強い感情を呼び起こすようであれば、フィードバックや批評、会話をお待ちしている。

もちろん、ナラティヴ実践は、多様性を認めることでもある。実践者は、多様な方法で神経科学的な考えと関わっている。ここでお話しした「ナラティヴ・セラピーと身体」についての考え方が、ナラティヴ実践と身体性という魅力的なテーマについて、違いを超えた会話を生み出すことができればと願う。

第四章のポイント：ナラティヴ・セラピーと身体

- 身体に根差したナラティヴ実践には、長い（語られていない）歴史がある！
- ナラティヴ・セラピーが、感情を意味や行為から分離することを拒否するように、ナラティヴ実践も、心と身体の分割を促進しない方法で身体に関わり、「体性隠蔽」（より広い社会勢力に焦点を当てることを犠牲にして身体に目を向ける）を避けようとするものである。
- 身体に根差したナラティヴ実践の中には、好ましいアイデンティティについて話すだけでなく、好ましいアイデンティティを上演するような方法で身体的行動を起こしもする。
- 私たちが自分の身体に根差した経験にどのように関わるかは、文化によって実にさまざまである。
- 実はしばしば、身体的経験についての会話は、個人の身体に根差した経験に狭く焦点が当てられているようだ。しかし、自分の身体に根差した経験が、何らかの形で他者の経験とどのように関連し、あるいは貢献しうるかを探求する機会がある。

》 ナラティヴ実践は、専門家文化のかなりの部分を占める実体のない話す行為や普遍的な専門知識の主張に挑戦する。これには、神経科学の名のもとになされた実体のない主張も含まれる。

科学と活動

私はこの論文の冒頭で、医学研究者であった父の仕事について触れ、それが私に科学研究に対する生涯の尊敬の念を植えつけたことを述べた。もう一つ、父の仕事には、科学的研究が反核活動につながったという点で、同じように重要な側面がある。

私が生まれた一九七〇年、父は同僚のロジャー・メリックから、フランス政府が太平洋で大気圏内核実験を行うたびに、オーストラリアの羊の甲状腺に含まれる放射性ヨウ素の濃度が驚くほど上昇することを知らされた。この国全体で、私たちはこの実験によって放射線を浴びせかけられたのだ。マイケル・デンボロウとロジャー・メリックは、全国紙で抗議文を発表し、科学的な抗議行動と政治的な抗議行動を展開し、実験を地下に追いやることに成功した。

そして一九八三年、デンボロウは環境研究センター――Centre for Research and Environmental Studies

（CRES）の所長代理に任命された。父は当初渋ったものの、エリカ（私の母）が「この地位を利用して、あなたが本当にやりたいことをやればいい」と言うと、それを引き受けた。CRESの所長代理として、彼は「オーストラリアと核戦争」というシンポジウムを開催した。父はこのシンポジウムに、アメリカやソ連などから、核の狂気に抗議する有力者を招くことにした。パトリック・ホワイト氏をはじめとする著名な講演者たちが招待を受け、すべてが順調に進んでいった。唯一、問題となったのは、一九八三年当時、ソ連からオーストラリアへの入国が非常に困難だったことだ。

それでも父は怯まず、ソ連大使館に向かい、ソ連の高名な医師にシンポジウムへの出席を依頼した。この後、何が起こるかは彼に知る由もなかった。当時、ソ連大使館の真向かいにあった葬儀屋の上に、ASIO（Australian Security Intelligence Organisation――オーストラリア国家安全保障局）の監視事務所があった。そしてその日のうちに、ASIOのライリーという職員が父を事務所に訪ねてきた。「ライリー」とマイケル・デンボロウは言った。「君はスパイのエースに違いない」。ライリーはそれほど感心することもなく、すぐに本題に入った。「マイケル、君に情報収集とロシア人のスパイをしてもらいたい」。「いいか、俺は核戦争を防ぐためにやっているんだ、それがどうしてASIOのスパイにならなきゃいけないんだ?」。翌日、マイケルに電話がかかってきた。KGBからだった。「ASIOがあなたに接触したことはわかっている。スパイとしてではなく、二重スパイとして彼らの申し出を受け入れてほしい」。父の憤懣やるかたない返事。「俺は核戦争を防ぐためにやっているんだ、それがどうしてKGBのスパイにならなきゃいけないんだ?」と。ことはそれでは済まなかった。両陣営ともマイケルを味方にしようとした。そして、ある日、ライリーがマイケルの事務所にいると、電話が鳴った。ＫＧＢからだった。マイケルはすかさず受話器をライリーに渡し、大声で言った。「二人がお互いに話し合いさえすれば、世界はもっと安全な場所になるんだ」。それ以来、両者とも彼に近づかなくなった。そして、父は研究室で、政治的な場で、活動を続けた。

二〇〇三年、尊敬される医学研究者になった七十四歳のマイケル・デンボロウは、当時から、そして現在ではほとんどの人が認めている不当なイラク侵略に抗議するため、国会議事堂の前で五十二日間、単独で警戒態勢をとった。その不道徳な戦争で何十万人もの人々が殺された。私たちの多くは、それが起こることを理解していた。マイケルは警戒態勢を敷き、五十二日間それを維持した。父や、ほかの最も断固とした反核主義者たちは、勝算があるときだけキャンペーンをしたのではない。狂気と大虐殺を防ぐ見込みがないとわかっていても、声を挙げ続けたのだ。それを何と呼ぶか。私はそれを「誠実さ」と呼んでいる。

レビューと批評を介した誠実さ

科学的理解の発展には、ピアレビューと批評が必要だ。この論文では、（心理学を媒介とする）科学的言語と概念がナラティヴ実践にもたらすいくつかの方法について、透明性のある批評を提供しようと試みている。明らかに、私はこのような発展に懸念を抱いている。しかし、神経科学に関心を持つナラティヴ実践者がこの分野に新しい知識をもたらすために行っている努力については、再認識しておきたいのである。彼らは誠実に、そしてこの分野の将来に対して純粋な希望を抱いて、この活動に取り組んでいる。私たちのアプローチや理解は異なるかもしれないが、ナラティヴ・セラピーが情動や感情、身体に根差した経験とどのように関わっているかを説明することにもっとエネルギーを費やす必要があるという点では、私も彼らに同意している。

もちろん、レビューや批評は一方的なプロセスではない。この論文を発表する前に、私がここで言及している主要な著者であるジェフ・ジマーマン、マリー＝ナタリー・ボードイン、カレン・ヤングの三人に書きかけの原稿を読んでもらい、反応を求めた。マリー＝ナタリーとカレンはこの招きに応じ、初期のドラフトに対する二人のコメントと批評によって、大幅な改善がなされた。

もし私がこの論文を批評するとしたら、著者がそれぞれの分野の先輩であるマイケル・デンボロウ博士とマイケル・ホワイト博士の存在を呼び起こしたことに着目し、それは論文の信頼性を高めるために行われたのではないかと疑問を呈するかもしれない。また、私は、著者が同僚に敬意を表したいあまり、神経科学的な用語を使ってナラティヴ実践を説明することがいかに科学主義や科学的還元主義に加担しているかを十分に指摘できていないのではないかと示唆するだろう。[11] 同時に、神経科学の考え方を取り入れることで生まれる可能性についても、この論文では十分に検討されていないと批判することもできる（本書一〇九頁の「今後の可能性?」を参照）。いずれにせよ、本論は十分に長い。

そろそろ潮時だ。

本論の執筆体験と謝辞

この論文を書くことは、非常に感情的で身体に根差した旅だった。通常、私はこのことについて言及しないが、このトピックでは適切だろう。書くということは、身体に根差した経験だ。キーボードの上で指が動くという行為を通して思考が見出される感覚は、時に不思議なほど瞑想的で満足感を与えてくれる。「執筆相」にいるときは、時間の感覚が変わり、適切な言葉を思い浮かべるために、髪に指を通したり、目を閉じたり、後ろに伸びたり、手のひらを合わせたり（まるで祈るように！）することもある。

書くということは、人間関係の経験でもある。この論文の初期草稿につきあってくれた人たち、励ましてくれた人たち、そして貴重な批評をしてくれた人たちに感謝している。

クレア・ネトルの編集の識見には、いつものように多大な影響を受けた。クリスティーナ・レインソン、ゲイ・ストッケル、クリス・ドルマン、スザンナ・チェンバレン、ディヴィッド・ニューマン、マール・コニヤー、ディヴィッド・マーステン、フィリッパ・バイヤーズ、ルー・ハームズの皆さん。ジル・フリードマン、ジーン・コムズ、グレンダ・フレッドマン、ジョン・ジュリーディニ、サラ・

ストローヴェン、トム・ストロング、ヘンリエッタ・バーン、マーク・ヘイワードは、初期草稿に対して厳密で建設的なフィードバックを提供し、それが私を前進させる原動力となった。

また、瞑想実践についてグレアム・ウィリアムズと、現代の神経科学の可能性と限界について神経科学のジョン・ウィロビー教授と話したことは、私を啓発するものだった。

ケルシー（サッシー）・セメシュクのアーキビスト／リサーチャーとしての仕事は、マイケルのティーチングテープからの引用を見つけるのに影響力があった。

ジョン・ウィンズレイドには三つの形で特段の恩義がある。最初の会話で、彼は私にマーガレット・ウェザレルの仕事を紹介してくれた。初期の草稿に有益なコメントを寄せてくれた。そして、読者はすでにお気づきだろうが、ジル・ドゥルーズの仕事に関連する脚注に大きく貢献した。

このプロセスを通じて、シェリル・ホワイトのフェミニスト的思考が創造的な批評と考察を与えてくれた。シェリル、ありがとう。

そして、マリー＝ナタリー・ボードインとカレン・ヤングには、違いを超えて率直で厳密な議論につきあっていただいたことに感謝したい。私はこのことに心から感謝し、これからも対話を続けていきたいと思う。

最後に、親愛なる読者の皆さん、この壮大な論文を最後まで読んでいただき、ありがとう。また、ご意見をお聞かせください。

今後の可能性？

ナラティヴ実践と神経科学のさらなるコラボレーションの可能性について考えてみると、三つの可能性が思い浮かぶ。

第一に、「クリティカル・ニューロサイエンス（critical neuroscience）」と呼ばれる分野に携わる人々との創造的なコラボレーションを想像することができる。スパルナ・チュードゥリーとヤン・スレイビーは、著書『クリティカル・ニューロサイエンス（*Critical Neuroscience: A handbook of the social and cultural contexts of neuroscience*）』の序文で、彼らやほかの人たちがどのように行動しているのかを説明している。

> 行動を理解する上での脳の重要性を真剣に受け止めながらも、その優位性を否定する私たちは、このような分析が、より複雑で理論的な、ニュアンスに富んだ行動説明に貢献できないか、と自問している。（Choudhury & Slaby, 2012, p.xiii）

この発展途上のクリティカル・ニューロサイエンスの分野には、「神経科学、哲学、科学史、人類学、社会学、心理学のバックグラウンドを持つ若い研究者」が集まっている（Choudhury & Slaby, 2012, p.xiii)。もしかして、このリストにナラティヴ実践を加えることができるのではないか？

第二に、神経科学のジョン・ウィロビー教授と話す中で、神経科学の実験には必ず「外れ値（outlier)」が存在し、規範や平均に適合しないため一般には無視されることを知り、興味を持った。ジョゼフ・デュミットはこのことを裏づけている。

> 個体差は、結果として得られる平均的なブレインセットには全く反映されないことが多い……。これは意図的なものである。（ほとんどの）正常な人に共通するベースラインの精神機能を発見することを使命とする認知心理学では、個人差はノイズとして扱われる。（Dumit, 2012, p.208）

このため、脳研究は「共通の特徴しか明らかにせず、大きな関心を持たれうる個人差は曖昧にされてしまう」（Wise, Hadar, Howard, & Patterson, 1991 cited in Dumit, 2012, p.208)。ナラティヴ実践者として、私はこれらの「外れ値」を不思議に思う。神経科学者とのコラボレーションによって、外れ値についてもっと知ろうとすることは可能だろうか。これは、ニューロ適合性やニューロ典型性を支持するのではなく、ニューロ多様性を豊かに描写することを目的とした共同作業だろう。これは、エリン・マニング（Manning, 2016）の「ニューロ多様性をよりよく理解し、その理解を研究創造と政治活動に動員する」という呼びかけと一致するように思われる（Holland, 2017, p.S247）。

第三に、ナラティヴ実践者として、人々が自分の好みや生き方をサポートする形でニューロ言説を交渉する支援方法を開発できないだろうか。これは、マイケル・ホワイトがラベルや投薬との関係で人々が自分自身の立場を見極めるのを支援した方法と似ているかもしれない。インタビュー「精神病的経験と言説」の中でマイケルはこう説明している。

> 薬が人々の人生に展望を与えるほど大きな効果をもち、行為の新しい可能性をもたらすように使われるのを見たこともあります。けれども、薬が、第一義的には社会統制の目的で使用されたり、人々の行動の可能性を著しく制限し、人々から選択肢を奪うようなやり方で使われたりするのも見てきたのです。（M. White, 1995b, p.117／訳書六八頁）

そして、薬物療法との関連で、人々が自分自身の立場や経験を見極めるのを助けるために使ったいくつかの質問を紹介した。おそらく、これらの質問は、私たちがニューロ理解に関連して人々が識別を行うのを支援する方法を開発するための出発点として役立つだろう。

以下の抜粋では、マイケルが薬物や薬剤に言及した部分をニューロ理解という言葉に置き換えている。

- ニューロ理解が人々のクオリティ・オブ・ライフ（QOL）を高めるのにプラスになっているのかマイナスになっているのか本人が決定できるよう援助するには、どうやっていけばいいのか？
- ニューロ理解がどのようにイネイブリングをもたらし、どのようにディスイネイブリングをもたらすのか本人が決定できるよう援助するには、どうやっていけばいいのか？
- 本人の人生や対人関係にとってのニューロ理解の本当の効果を、本人が評価できるよう援助するには、どうやっていけばいいのか？
- このような評価に適した基準を本人が決められるよう援助するには、どうやっていけばいいのか？
- ニューロ理解のさまざまな副作用について、本人が充分に知ることができるよう援助するには、どうやっていけばいいのか？
- どんな人々がニューロ理解のレジメについて最もコンプライアンスが良く、またどんな人々がコンプライアンスが悪いのか、そして、これら二群の人々の各々の具体的利益は何なのか本人が同定できるよう援助するには、どうやっていけばいいのか？（M. White, 1995b, p.117／訳書六七ー六八頁を参照）。

◆注

1 マイケルが問いかけていた類の質問は、オグデンが投げかけたものと似ている。

「あなたの身体の中のその感覚は、あなたに何をさせたいのでしょうか？　それはどんな結論を促しているのでしょうか？　もし緊張が話せるとしたら、それはあなたに何を言うのでしょう？　緊張があなたにどう動いてほしいのか、引き寄せてほしいのか、押し出してほしいのか、押し退けてほしいのか、あなたの身体に聞いてみませんか？　これを絵にするなら、どんな絵が浮かびますか？」（Zimmerman, 2018, p.92）

2 理論に関心のある人にとっては、ポスト構造主義的ナラティヴ実践は身体に関わっていないという考え方が、（特定の文化理論家によって、ポスト構造主義や言説的思想家は身体を無視してきたと主張された）分野を超えたもっと広い議論といかに呼応しているかを考える価値がある。Leys（2011）は、現在、心よりも身体を特権化している文化理論家が、時に心身分割の継続を促進するような形でそうしているという点で、この状況は皮肉だと指摘している。

［マッスミは］常に二元論者の用語で歯に衣着せぬ態度で「身体」とその影響を「心」よりも優遇する唯物論者として登場するが、それは、……「身体」は純粋な状態ではなく、「純粋経験」操作の実用的分類であることを忘れている。ちょうど「心」がそうであるように。（Leys, 2011, p.468）

しかし、心身分割を助長しない、身体に根差した経験の理解の仕方はほかにもある。例えば、ウィリアム・ジェームズの考え方である。

実践生活において、それら（情動経験）を厳密な精神的事実として扱うか、厳密な物理的事実として扱うかを決定する緊急の必要性は、まだ生じていない。だから、それらは曖昧なままである。そして、世界がそうであるように、その曖昧さは彼らの大きな便宜の一つである。（Leys, 2011, p.468, note 61）

ナラティヴ・セラピーは、身体的経験を意味から分離しない方法で、この両義性に働きかけるものだと私は考えている。

3 『*International Journal of Narrative Therapy and Community Work*』の二〇〇七年第三号に収録された、ジョディ・アマン、ジュリー・ティルセン、ディヴィッド・ニールンド、ロレイン・グリーヴス、アヤ・オカムラそしてエスベン・エスター、ピレッリ・ベネスタッドらによる論文「Transgender experience and possibilities for practice」を参照。また、ジョーン・ネスルの文章も重要で、彼女はPre-Stonewallのレズビアンとして、「私の身体はそれ自身の歴史を必要としている」(Nestle, 2003, p.64) と気づき、その歴史を作り上げようとした方法を述べている。

4 グレンダ・フレッドマンは、このことを少し違った方法で説明している。

ある種の身体的体験は、特定の行動へと私たちを駆り立てるので、私たちの身体的感覚は必然的に、私たちのディスプレイ、つまり私たちがどのように行動し、どのように気持ちを見せるかに結びつく。私たちの判断は、私たちが気持ちをどのように見せるか、そしてそのような行為に与える意味や価値に影響を与えるので、その判断もまた私たちが感情「する」方法と密接に絡み合っている。(Fredman, 2004, p.76)

5 ライフフロー瞑想センター (Lifeflow Meditation Centre) の創設者兼ディレクターであるグレアム・ウィリアムズと、多様な瞑想の実践と、文化や文脈を超えた実践の伝達の複雑さについて交わした会話に謝意を表したい。

6 ジョン・ウィンズレイドは、ミシェル・フーコーが探求し、記録した瞑想の形態に注意を促した。これらの形態は、心を空にすることを求める代わりに、特定の思考で心を満たそうとする。例えば、死に関する瞑想は、生の経験をより鮮明にすることを意図している。

一九八一年から一九八二年にかけてのコレージュ・ド・フランスでの講義で、フーコーは、praemeditatio malorum (将来の悪についての瞑想) と melete thanatou (死についての瞑想あるいは死についての運動) として知られる古代の「思考訓練」について詳細に説明している。彼は後者を「生に死を現前させる方法」「賢者が精神的な変容をもたらす運動」と解釈した。(Davidson, 2005, p.140)

7 もちろん、瞑想／マインドフルネスには多様な選択肢があるが、現時点では呼吸に焦点を当てた選択肢が圧倒的に多いだけである。

8 アリソン・ケイファーのようなフェミニスト・クィア・障害者活動家は、権力関係を曖昧にするのではなく、可視化するような身体経験を検討する方法を提示している（Kafer, 2013）。マール・コニヤーは、『身体に根差した社会主義（*Embodied social justice*）』の著者であり、より広範な権力関係を隠さない身体中心的（body-centered）アプローチに関心を持つレイ・ジョンソンの著作（Johnson, 2017）にも注意を促している。

9 私はまた、物語劇や物語歌の形に実に興味がある。これらもまた、異なる形で身体に根差したナラティヴ実践の例だ。

10 Denborough, Freedman, & C. White（2008）とDenborough（2010）を参照。

11 神経科学的還元主義については、Rose（2012）およびKirmayer & Gold（2012）を参照のこと。Tallis（1999）は、神経哲学の限界と、神経による心の理論がいかに人間の意識と精神生活についての理解を貧弱にするかを述べている。ウィル・ホールがレイモンド・タリスにインタビューした『マッドネス・ラジオ（Madness radio）』のエピソード（Hall, 2012）がお薦め。

間奏曲　情動の名前

小森康永

情動が何か、あなたは知りたいと思っていることだろう。情動は決まった名前を持たないものの一つだ。あなたが情動の名前を決める。あなたの心に浮かぶこと、それが情動の名前なのだ。

例えば、ずっと昔に起こったことについて考えていたりする。誰かがあなたに質問をしたのだけれど、あなたは何と答えてよいかわからなかった。それが情動の名前だ。

そう、もしかしたら、そのときはひどい雨降りだったかもしれない。それが情動の名前だ。

あるいは、誰かがあなたに何かをしろと言った。あなたは言われたようにした。ところが、あなたのやりかたでは駄目だったと言われた。「ごめんな」。そして、あなたはやり直した。それが情動の名前だ。

もしかしたら、子どものときした遊びのこととか、あるいは歳をとってから窓辺の椅子に腰かけていたら、ふと心に浮かんだことがあるとか。それが情動の名前だ。

それとも、あなたはどこかまで歩いていったのだったか。花がいちめんに咲いていた。それが情動の名前だ。

あるいは、あなたはじっと覗きこむようにして、川を見つめていたのかもしれない。あなたを愛していた誰かが、すぐそばにいた。あなたに触れようとしていた。触れられる前に、あなたにはもうその感じがわかった。そして、それから、あなたに触れた。それが情動の名前だ。

それとも、こういうことだったろうか。ずうっと遠くで、誰かがあなたを呼んでいた。その人たちの声はなんだか木霊みたいに聞こえた。それが情動の名前だ。

寝床に入って、横になっていたのかな、もうちょっとで眠ってしまうところだったのだが、あなたは何かのことで笑った。ひとり笑い。一日を終えるには、これはいい。

それが情動の名前だ。

それとも、何かうまい物を食べていたんだが、何を食べているのか度忘れしてしまった。でも、うまいな、と思いながら食べ続けたとか。それが情動の名前。

ひょっとしたら、もう真夜中で、ストーヴの火が鐘の音のように鳴っていたとか。それが情動の名前。

それとも。彼女が例のことについて触れたので、あなたは気持ちが鬱いでしまった。誰か別の人に話してくれればよかったのに。彼女の悩みごとのことをもっとよく理解できる誰かに話してくれればよかったのに。それが情動の名前だ。

第二部　情動論的転回と触発ナラティヴ

メモ

第二部は、情動論的転回という大きな流れの中にナラティヴを置き、そこで触発されるナラティヴを記述することを目的とする。

と書くと、まるで最初からそれが計画されていたように読まれるものだが、実は、自然発生的なアウトサイダーウィットネス実践（人々が専門家のグループにコンサルテーションするナラティヴな会話の一形式）であった。私は二〇二二年七月二十八日の経験をどう解すべきかデンボロウ論考を読み直すだけでは答えを得られず、岸本、安達、森岡をアウトサイダーウィットネスに要請したわけだ。まずは、十月二十二日に予定されていた立命館大学茨木キャンパスでの臨床ナラティヴ・セミナーのテーマを「ナラティヴと情動（Affect）」に指定させてもらった。

アウトサイダーウィットネスとして説明するならば、その第一段階は、私の情動記念日の制定にまつわる語りである。プロローグと第一部デンボロウ論考、そして第二部の第五章と間奏曲がこれに相当する。第五章は、私が情動面接とデンボロウ論考によりまずは導き出した臨床実践イメージであり、間奏曲は、その時点での情動理解を文学的に表現したものである（パラフレーズした元の文章はリチャード・ブローディガン『西瓜糖の日々』である）。

第二段階としての語り直しは第六章から第八章にある。シンポで岸本さんが私の話題提供を神経科学の視点から解説してくれればという思惑は端からあった。『がんと嘘と秘密』というコラボレイティヴ・ライティングの余波に乗り、マーク・ソームズの翻訳書さえ世に問う該博な知識を縦横に駆使されるところを想像した。安達さんとは『ナラティヴ・コンサルテーション』を江湖に問うたばかりだったが、彼女が示す人文社会科学全般における情動の意味はその重要性をいやが上にも認識させる。百戦錬磨の心理学教授、森岡さんには本書での議論が一体どのように読者に届くのかを想像していただきながら何方向にも食指を伸ばしてもらった。リトルネロ。半年に渡るメール交換の末に各自がさらに精錬した文章がここに並ぶ。（小森康永）

第五章　ナラティヴ情動実践に向けて

小森康永

親密な読書、それは自分が書くべきであったと思わせるような、自分のために書かれたかのような、あるいはある意味自分のことが書かれている書物との出会いだ。この定義からすれば、デンボロウ論考は私のために書かれた書物である。なぜなら、私は長年マイケル・ホワイトに私淑し、彼の著作を翻訳することによってナラティヴを学んできたものの、彼の死後、訳すべき書物、学ぶべきテキストを失っていたからである。

そもそもマイケルが生きていたとして彼が神経科学をセラピーのアナロジーとするだろうか？　否。しかし、情動論的転回への応答は必ずやなされたであろう。何しろ彼の遺言は「ドゥルーズを読め」であったのだから。

ここで希求されるのは、情動を前面に掲げるナラティヴ実践である。ナラティヴ実践とは何かを定義するのは難しいが、そのキーワードに「人生」と「言説」があることは間違いない。よって、まずは、情動記念日の三人の男性における情動と人生、情動と言説を探求する。そして、ナラティヴ情動実践の定理としての「感情意味行為の不分離」というものについて考える。この三点によってナラティヴ情動実践がある程度イメージできればと思う。

ナラティヴと人生

デンボロウの考えるニューロ・ナラティヴ

デンボロウ論考は、端的に言えば、近年、北米を中心に注目されているニューロサイエンス（神経科学）とナラティヴ・セラピーの統合モデル、例えば『ニューロ・ナラティヴ・セラピー（*Neuro-Narrative Therapy*）』（Zimmerman, 2018）に対する批評である。Ａ４サイズのジャーナル四十一ページの力作であり、以下の四章構成である。

第一章　ナラティヴ・セラピーは神経科学とどのように合致しているのか？

第二章　ナラティヴ・セラピーは感情（emotion）とどのように関わっているのか？
第三章　ナラティヴ・セラピーの実践は、情動論的転回（affective turn）とどのように関連しているのか？
第四章　ナラティヴ・セラピーは身体／体性経験／身体に根差した経験とどのように関わっているのか？

第一章では、ナラティヴ実践者が神経科学のアイデアを利用する方法が示される。一つは、既存のナラティヴ実践の効果を神経科学的に説明し探求することであり、もう一つは、ナラティヴ実践に神経科学の成果を取り入れて発展をもたらすことだ。最も興味深いのは、前者における以下の指摘である。

私は、ナラティヴ実践における外在化する会話と足場作り会話の効果にも興味はあるが、これらの説明と探求は、いくつかの重要な疑問を投げかける。（外在化する会話の中で）人々が自分の経験を自分自身の正確な言葉や用語で名づけることを可能にすることは、癒しの神経伝達物質を放出するから重要なのであろうか？　それとも、その地域の文化に根差した行為を可能にするからなのか？　あるいは、人々が自らの経験に名前をつけられるようにすることに、政治的・倫理的なコミットメントがあるからなのか？

もちろん、説明は一つである必要はないが、政治学と切り離した形で「名づけ」の意義を説明することには慎重になる。神経生物学的に見れば、ある問題が「不安障害」と名づけられるのも、「虐待の声」と名づけられるのも、ほとんど違いはないのかもしれない。しかし、ナラティヴ実践（とフェミニスト政治学）においては、天と地ほどの差がある。

……

私が懸念しているのは、治療的対話の後の人々の脳の変化に注目する場合、そのような研究は、明らかにするよりも、不注意に隠してしまう可能性があることだ。脳の変化に注目することで、まず隠蔽される可能性があるのは、政治学（ジェンダー、人種、階級、貧困、セクシュアリティ、その他の権力関係に関係するもの）についての考察である。（Denborough, 2019, p.19–20／本書二三頁）

デンボロウは上記の隠蔽を「ニューロコンシール」と呼んで、警鐘を鳴らしている。これは、ナラティヴと神経科学が認識論的に合致するかどうかよりも政治学的に相容れない部分があるという問題提起、つまり内在化への懸念である。

第二章では、ナラティヴは感情を扱わないというかねてからの批判に答える形で、ナラティヴが情動をいかに扱うかが議論される。ナラティヴは他の実践とは異なる形で感情を扱う。ナラティヴは、感情と意味を結びつけ、感情や意味を行為から切り離すことを拒否する。つまり、情動から感情への移行をきわめて慎重に取り扱うわけだ。デンボロウの下記の注は実に明快だ。

マイケル・ホワイトの子どもたちへの働きかけは、子どもたちが名前のない情動体験と格闘している様子を言語化する手助けをしていると読み取ることができる。例えば、七歳の少年リチャードが母親のジェーンと一緒にマイケルに相談に来たとき、彼は全般的に恐がりで、かなり身体が弱く、「学校恐怖症」だと考えられ、「心身症」だと思われる症状に悩まされていた。また彼には、慢性不眠があった。マイケルがリチャードに、彼の睡眠を奪っている「恐怖」を絵に描くように誘い、それについて外在化する会話をした後に初めて、リチャードは「彼らを教育する」計画を立て（箱を創造的に使うことを含む）、「オーストラリアとニュージーランドの恐怖バスターとモンスター手なずけ協会」（M. White, 2006 参照）の会長となるに至った。これは手練れのナラティヴ情動実践の一例と言えるだろう（Denborough, 2019, p.32／本書七五頁）。

子どもの心身症と聞いて読者は何を連想するだろう？　私にとって、第一はバイオサイコソーシャルモデル（渡辺・小森 2014）である。その提唱者ジョージ・エンゲルは心身症という用語にさえ反論した。それでは、まるで心身症ではない病気があるようではないかと。身体と心、そして社会的次元がシステムをなすがゆえにどれか一つを単独で扱うことは意味がない。しかし、この主張は臨床におけるリップサービスと目され、医学生が臨床に進む前の基礎課程にある early exposure にこそふさわしいとされてきた。昨今では、悪しき折衷主義の実践モデルとして批判まで出る始末だ。第二は、子どもは言語表現が未発達だから、その治療には非言語的表現が重要だとされることである。

情動・フィーリング・感情

私は最初から、情動と感情が決定的に異なるという前提に立って話を始めている。それは「情動論的転回」と言われる大きな流れの中では共有されてはいるものの、どのように異なるかは意見が分かれるようだ。デンボロウ論考の第三章冒頭で引用されたデボラ・グールドの情動と感情についての説明は以下の通りである。

> 情動は、生体が衝撃と身体への影響を感じるという点で**認められているとはいえ**、その感覚が個人の意識的な気づきの外にあり、不定形で、まだ言語化できない強さであるという点で、非意識的なのである……情動が固定化されておらず、構造化されておらず、非言語的であるのに対し、感情は、ある瞬間に感じていることを個人的に表現したものである。その表現は、社会的な慣習や文化によって構造化されている。（Gould, 2010, pp.26–27／本書五五頁）

また、エリック・シャウスは情動（affect）・フィーリング（feeling）・感情（emotion）の違いについて以下のように簡潔に記している。「フィーリングは個人的（personal）で伝記的（biographical）であり、感情は社会的（social）であり、情動は前個人的（prepersonal）である」（Shouse, 2005）。

『星の王子さま』の冒頭にある作中画「ゾウをこなしているウワバミ」を想像してみよう。もしも突然その巨大なウワバミ全体が目の前に現れたら、あなたはさぞや驚くことだろう。あなたはまさに、「情動」を抱いている人、あるいはそんな人を目の当たりにした人である。しかし、もしもウワバミ内部にゾウがいることを透視するなり知ることができたなら、どうだろう？　それは、自分・相手の個人的、伝記的背景、つまり「フィーリング」を知ることにたとえられよう。さらに、人がウワバミの全体と内部のゾウを感じつつその顔と対峙するならば、それは、自分・相手のより具体的な「感情」を知ることかもしれない（図5・1）。

これはほんの思いつきにすぎないが、箭内匡の『イメージの人類学』（箭内 2018）には、このようなイメージの転生について考えるための、より精密な概念的道具が紹介されている。「脱イメージ化」と「再イメージ化」「イメージ平面」である[1]（図5・2）。

箭内の説明を聞こう。トマトが発する光を直接受け止めた網膜での

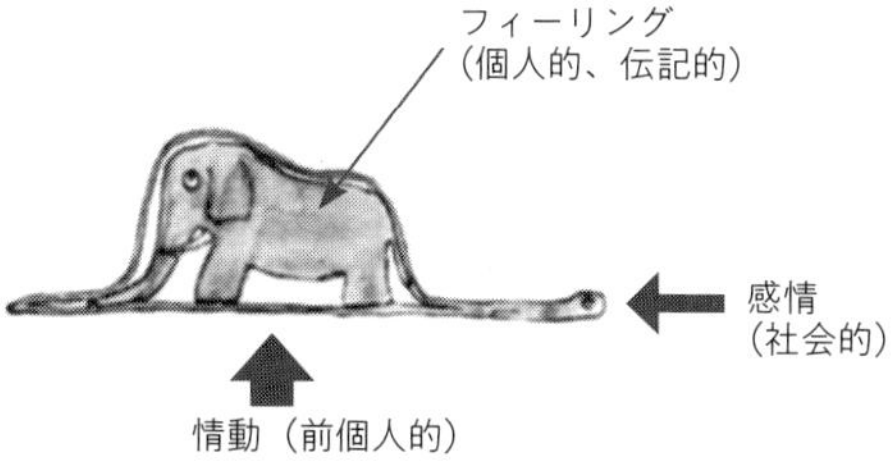

図5・1　ウワバミとゾウ

出来事が「第一のイメージ平面」であり、私が赤くて丸いトマトのイメージを受け取る知覚経験を「第二のイメージ平面」とする。第一のイメージ平面に現れたトマトの原イメージは、視覚神経系を通して第二のイメージ平面に向かう過程で、その中身のかなりの部分が切り捨てられるので、この過程を「脱イメージ化」と呼び、そこでできた「赤くて丸いトマト」のイメージが他の知覚経験イメージと交流しつつ新たにできあがることを「再イメージ化」と呼ぶ。

情動、フィーリング、感情をここに当てはめるなら、情動は「第一のイメージ平面」であり、フィーリングは脱イメージ化の後に残ったもので、「他の知覚経験イメージ」としての思考と行為によって再イメージ化が起こることで、「第二のイメージ平面」としての感情に着地するということになろうか（図5・3）。

三人の男性たちの人生@フィーリング

シャウスの情動モデルでは、「人生」がフィーリングに伝記的要素として組み込まれている。ならば、この情動感情問題をそこ、つまりナラティヴ・セラピーのキーワードに照合して考えることもできるのではないだ

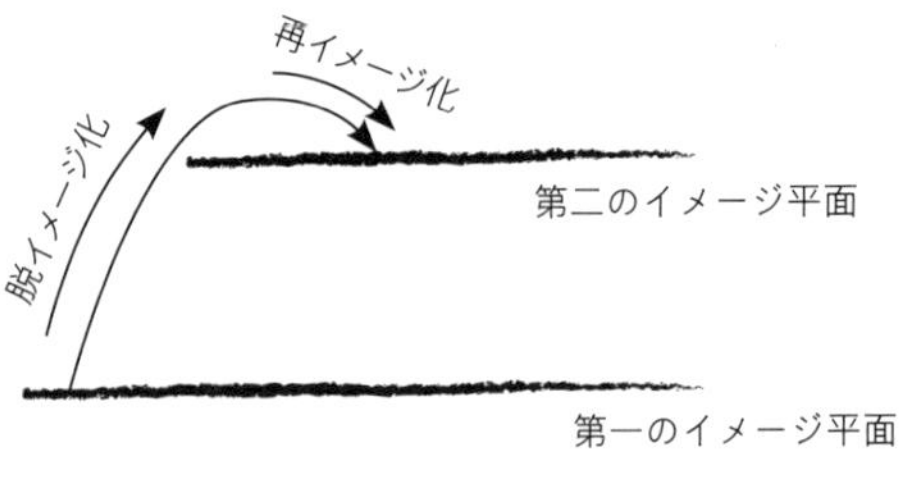

図5・2 「脱イメージ化」と「再イメージ化」（箭内 2018）

ろうか。各例において、その過程について考えてみよう。

プロローグに示した第一例は術前に抑うつを呈した男性であるが、情動と呼ぶべきは、その朝の「死にたい」という発言の場であろう。そこに個人的および伝記的要素が加味されるのは「五、六年前」と「一年前」の出来事が今起きたことのように語られるときである。その日の面接では、思考と行為の腑分けはなされず、「悔しい」という感情に一応着地している。

第三例は、手術しなければ死を待つことになり、手術をしても、食べることはできても喋れなくなると知らされて流涙する男性である。情動は面接時の流涙に明らかであり、フィーリングはその人生物語と一致している。ただし、ここで興味深いのは（次に示す）第二例とは異なり、それに付随するはずの思考と行為が今後のものとして示唆されるにとどまることである。つまり、リアルタイムで思考と行為についての対話がなされることが予測されたわけだ。

一方、第二例は、化学放射線療法後に慢性硬膜下血腫の手術が三回実施され、ベッドでは眠れなくなった男性であるが、情動から感情への流れは多少込み入っているので図にしてみよう（図5・4）、情

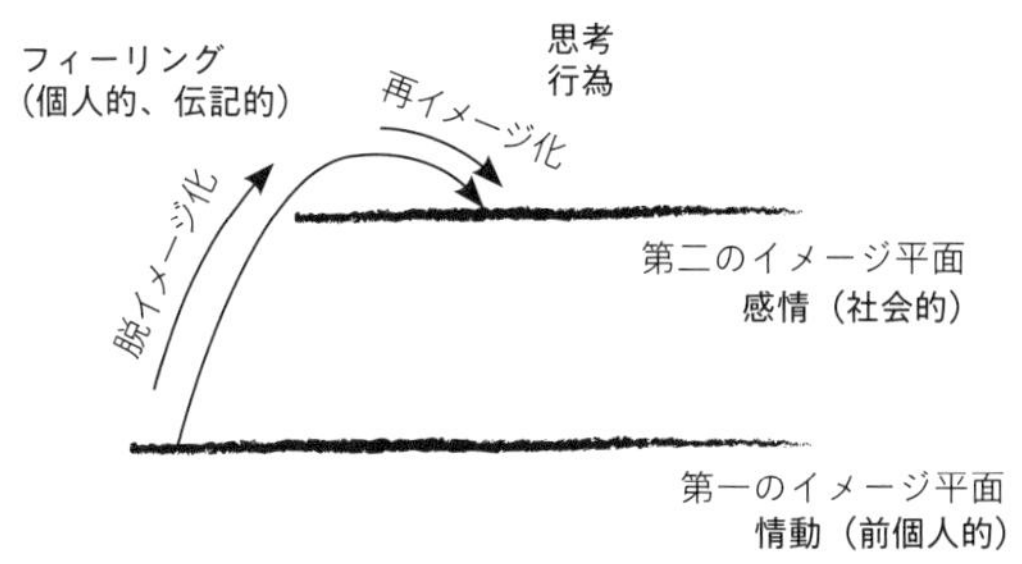

図5･3　情動とフィーリングと感情（筒内 2018 に追記）

動は、当日のＭＲＩ検査がパニック発作によって中止せざるをえなかった瞬間であろう。個人的伝記的情報としては、ここ二か月における三回の血腫の手術歴が突出している。そこで問題にされていたのは、毎晩リクライニングで眠るという行為であるが、本人はそれは再発恐怖のためだと即答する。そしてその行為が血腫予防のためだと考えていることが明らかになる。それによって安心感が得られるとも言う。脳外科医への連絡はそこに医学的評価を導入するためであるが、本人はさらに頭中の動く感覚という体性感覚を根拠に頭部固定の必要性を主張する。リクライニング就寝へのこだわりは、そうすれば血腫が予防できるのではないかという思考によるものであり、安心感や体性感覚を伴って支持されていることが判明する。その中でこそ、恐怖という感情が、本人の行為と思考と不分離のものとなる。本人は面接後これについていみじくも「分析は素晴らしい」と述べた。

この地図をよく見ると、フィーリングとはストーリーの

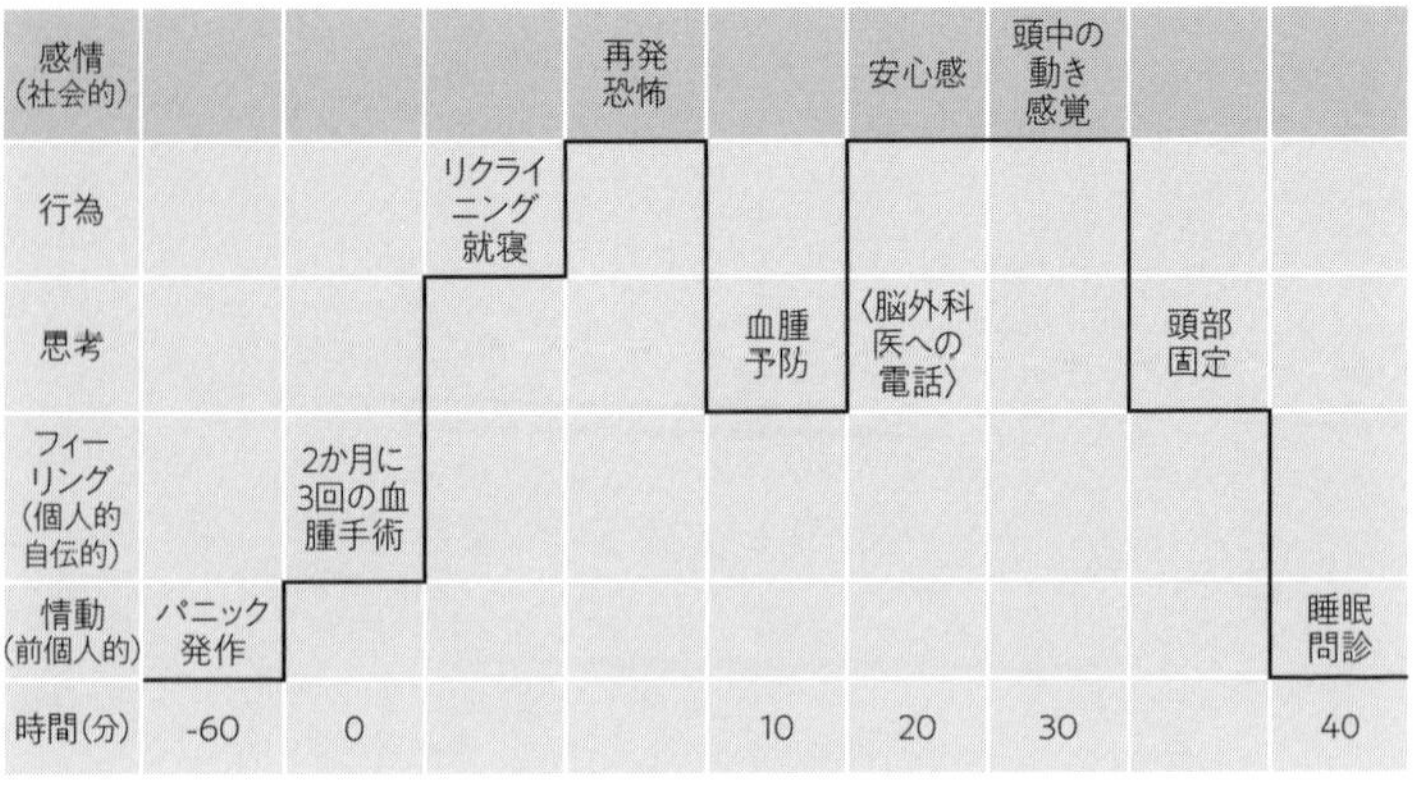

図５・４　情動感情地図（第二例）

ことであり、情動から最初に紡がれたストーリーを思考と行為と感情に腑分けしているかのごとき流れとなっている。その三つがつかず離れずある中、第二例では「頭中の動き」という体性感覚についても言及されていくところが興味深い。

ナラティヴと言説

グレンダ・フレッドマンの感情

デンボロウは、情動的ナラティヴ実践の代表としてグレンダ・フレッドマンを紹介している。実は、十年前に彼女の『デス・トーク（*Death talk*）』（1997）を翻訳しようと連絡をとったことがある。死にゆく子どもたちへのナラティヴ・アプローチがまとめられていて、トム・アンデルセンの美しいはしがきも圧倒的だ（小森 2012）。彼女からのメールにはこうあった。「あなた、ノルウェーのカンファレンスには出ていた？　日本人のドクターのワークに私、出たのだけど、とてもよかったわよ。もしかして、それはあなただった？」。面映ゆいが、結局、出版社が見つからず、翻訳の話は流れた。それがここでの再会である。早速彼女の『感情を変化させる（*Transforming emotions*）』を取り寄せて読んでみる。アダム・フィリップスのはしがきには、驚きの一文がある。

フレッドマンは、前著『デス・トーク』の結びで、地図について、つまり、自分がどこにいてどこへ行くのかを知るために使うものについて、いくらか誤解を残している。「私は自分の創発的な地図が与えてくれる安心感と方向性を楽しんでいたが、時が経つにつれ、自分がクライエントとの関係を犠牲にして地図に従う傾向があることに気づき始めた」(Fredman, 1997, p.124) と書いたのである。「この地図に入れ込みすぎて、私は人々の感じていることに注意を払うのを怠ったり、地図と一致しない、ないしそこで確認できない彼らのコミュニケーションをとりこぼしたりして、彼らが私に与えてくれた情報を見逃したり、彼らとのつながりを失っていたりしたことに気づいたのである」。

フレッドマンが言うように、地図は、それがカバーする地面よりずっと小さいものだ。『感情を変化させる』では、非常に多くのことが同時に行われている。例えば、それはセラピー文化に対するラディカルな批判であり、人々が威圧感なしに互いに語り合う方法についての新しいコラボレーション像である。また、誰かを助けるとはどういうことか、誰かを助けることについて書くとはどういうことかについての驚くべき再描写である。さらには、地図についての考察でもある。つまり、フレッドマンは私たちに、邪魔しない地図 (indistracting map) を与えてくれたのである。この繊細で刺激的な本は、自らを主張することなく、私たちのために会話を取り戻した。おしゃべり療法では、会話の真の共鳴 (real resonance) を正当に扱うことは驚くほど困難だった。フレッドマンの本を読んだ後、人の聴き方は二度と元には戻らない。(Philips, p.ix–x, in Fredman, 2004)

なんと、地図と情動は地続きだったのである。一時期、私がポスト・マイケルの筆頭かと色めき立った、マイケル・ギルフォイルが控えめに提出していた疑問、「本当に地図はマニュアルではないと言えるのだろうか?」（Guilfoyle, 2014）に胸を張って答えるのは、情動なのである。その地図の使い方によって、あなたが目の前にいる人の情動を取り逃がしているとしたら、それは地図がマニュアルになってしまっているということだ。それだけではない。「会話の真の共鳴を正当に扱うこと」、それを目指して、私たちはさらなる旅へと誘われている。

二つの感情言説

感情に着目してきたナラティヴ・セラピストのグレンダ・フレッドマンは、感情言説（emotion discourse）を関係的と自律的の二つに分けて提示している（Fredman, 2004）（表5・1）。多少下世話な発想で恐縮だが、涙を例にとれば、誰かの前で泣いているときと一人で泣いているときを想定するとよいかもしれない。

そして、この二つの言説を体験するための問いも用意されている（Fredman, 2004, p.11–12）。

①ここで今あなたはどんな気持ち（feeling）でいますか?

②その気持ちを言葉にしてみてください。それはどこに、どのように感じますか? それはあなたにどのように影響しますか?

③私たちがしばらく一緒にいるとして、あなたがそんな風に感じていること（feeling）を私はどのようにして知るのでしょう？　私は何に気づくのでしょう？　ほかに誰かいるとして、誰が一番にあなたの感じ方に気づくでしょう？

④私ないし誰かが一緒にいるとして、その感じ（feeling）についてあなたは私たちに何を気づいてほしいですか？　その感じに対して何かしてほしいのでしょうか？

⑤自分の感じをあなたはどのように知るのでしょう？

⑥そのように感じること（to feel）はポジティヴですかネガティヴですか、それともその他のものでしょうか？

⑦この感情（emotion）についてのあなたの考えはどこから手に入れたのでしょう？

表5・1　関係的感情言説と自律的感情言説の比較（Fredman, 2004）

関係的（relational）	自律的（autonomous）
間主観的：感情は人々の間で作られる：他者を応答に誘う社会的行為形式	主観的：感情は内面にある：内部の何かの表現
公共性：感情は共有され、限定されない	個人的：感情は個人の経験である
文脈的：感情的になること、およびそうするのに適切な状況を学ぶ：心身の区別はない	身体性：感情は身体内部の感覚（feeling）である：感情は理性と対照的である
対人関係への焦点化：知覚（sensation）と意味の間に直接的関係はない：感情は関係と意味に応じて際立つ	知覚への焦点化：私たちは感覚（身体知覚）について心で考える：感情は身体表現および表情で分類される
ナラティヴ（過程）に関連づける：感情ストーリーは関係性文脈における知覚と行為についての判断の織り合わせを反映する	知覚（状態）を名づける：感覚は身体内部にある
文化的：私たちは文化の中で感情的になることを学ぶ：文化にはローカルな感情文法がある：それゆえ幅広い多くの感情がある	固有で普遍的なもの：私たちは生まれつき感情を持っている：感情は普遍的である：いくつかの中核的感情がある

この一群の問いにおいて、まず問①と②では、「あなた」と問いかけられ、自分の気持ちをモニターするよう求められている。そして、問③と④では、私とあなたとの間で、感じが共有される過程について考えるよう求められる。そして問⑤から⑦では、もっと広い視点から自らの感じの知覚、評価、出自について考えるよう求められる。つまり「言説」についても言及されるわけだ。

一般的に、自律的感情言説にある人は前半の質問に答えやすく、後半の回答に困難を感じる傾向にあるが、関係的感情言説にある人は、その逆になる。フレッドマンは彼女の著書を関係的感情言説によって書くわけだが、それへの移行を勧めているわけではない。治療的会話において、彼女は相手に異なる感情言説へと誘導することもあれば、相手の感情言説に乗ることもある。そして、感情の変容に向けて新しい言説を共有すべく共創造することもあるという。

三人の男性たちの感情言説

先の例をこの言説的視点で眺めてみよう。

第一例では、本人が然るべきエピソードを詳述することによって、明らかに自らの内面にあるフィーリングを表現している（**主観的**）。自律的感情言説を本人は支持しているようであり、私も「それは屈辱的でしたね」と感情が人々の間で作られる**間主観的**なものと示唆してはいるものの、関係的感情言説への誘導を行うわけではない。むしろそれに沿って現在の気持ちを確認することで面接を終了している。

第二例でも、自律的感情言説は私と患者夫妻によって共有されているかのようである。恐怖にまつわる思考と行為が夫の内部の問題として腑分けされていくからである。実際、リクライニングで寝る理由を訊かれての「どうしてってさ、恐怖心があるのだと思いますよ」という即答は、本人にとって自身の内部にある恐怖心（**主観的**）が恐怖をかき立てる普遍的で説明不要なものであることを示している。私も妻に口を挟まないでほしいと依頼するあたり、感情が**個人的**なものであるという考えを支持している。さらに、患者の「頭の中が動くような」気配は関連する感覚が身体内部にあることを示してもいる。これらは一見、自律的感情言説の枠内にあるようだが、内容的には、この面接という文脈において知覚と行為についての判断を織り合わせる**ナラティヴへの関連づけ**となっているところが興味深い。

第三例では、患者は分脈的関係的感情言説を支持しているようだ。流涙後、初回面接で話されたあらすじはあらためて補足され、より詳細なものになる。「ここ二年は笑ったこともない」という悲劇的側面に対して「人とのふれあいのなさには慣れてきた」と多少皮肉めいたことを言うと、「やりたいことをやってきた罰ではないのか」と、かねてからの思いを口にする弾みとしている。さらに、贖罪の機会を匂わす私の問いには、自虐で対応する。私は傾聴が得意ではない。彼が私を「親身に聞いてくれる人」と認定したのは、彼の願望を口にしたまでのことであろう。それは「また来ますよ」という言葉の本当さに裏打ちされている。

ナラティヴと不分離

もしも涙が話したなら

ナラティヴの第三の特徴として、感情の扱い方を取り上げてみよう。それは、感情を意味と行為が渾然一体となったものと考えることである。ドゥルーズ－ガタリによれば、「アフェクトはアフェクションの中に収まらない。アフェクトは、ひとつの体験された状態からもうひとつの体験された状態へ移行することではない。アフェクトとは、人間が非人間的〔なもの〕に生成することである」(Deleuze & Guattari, 1991／訳書二九一頁)。このような新しい視点を自覚すると、私たちは今後の臨床が改変するのを目の当たりにするだけでなく、過去の場面に立ち返って省察する義務を持つ。臨床関連の書物も同様だ。

ここで、感情／意味／行為を一緒にしておくことは、実際にはどのようなことなのか確認しておこう。ナラティヴ・セラピーで誰かが涙を流したとする。セラピストは、その涙を通してどのような価値が表現されているかを探る(「潜－在」――M. White, 2000 参照)。そして、セラピストは、その人が涙や悲しみをセラピストと共有するというステップを踏むことの意義を尊重する。あるいは、セラピストは、「もしその涙が話せるとしたら、何を言うだろうか」と問いかけることもできる。マイケル・ホワイトの例を紹介しよう。

アシュレイは、このような涙のエピソードを説明し始めると、泣きだしてしまった。この展開に際して、彼女は、「ほら、まただ、私は絶望しているのです」と言った。私は、この涙から目をそらすのではなく、この涙についてもっと広く理解するために会話を続けてもよいかとアシュレイに尋ねた。すると彼女は快諾してくれたので、私は涙について優しく質問し始めた。

①この涙を、思考が詰まった小さなカプセルと考えるなら、あなたは今、ほかのときにはないような思考に気づいていますか？

②この涙に、あなたの人生やその意味についてのほかの絵や視点が含まれているとしたら、何か手がかりを見つけられますか？

③この涙の流れが、自分の人生や自分自身に対する、それほど拒絶的ではない別の態度を反映しているとしたら、その態度とはどんなものだと感じますか？

④もしこの涙が世界に手を差し伸べるものであり、自分の世界を他者に開くものだとしたら、そこで築かれるつながりはどんなものだと思いますか？

⑤この涙が、人生の別の場所、つまり慣れ親しんだ絶望から離れた場所にあなたを運ぶ可能性があると考えるなら、それはどんな場所でしょうか？（M. White, 2003, p.42／本書三三頁）

この五つの問いをシャウスの定義に沿って理解することもできよう。涙をアフェクトと考えるなら、問②と③は、自伝的要素を含むフィーリングへの移行に関連しており、問①は思考に言及することで、問④と⑤で示唆される社会的なもの、つまり感情へと綱渡しするのだと。

ソンダースの感情、キューブラ＝ロスの感情

ナラティヴにおいて感情意味行為が不分離であり、感情が経験の表現の一つであるなら、ベクトルはひとまずクライエントからセラピストに向かっている。セラピストからクライエントに向かうベクトル、つまり見立てのためのモデルではない。ここで想起されるのは、ソンダースのトータルペインである（Saunders, 1964）。この概念は、もともと、患者の自己表現を記述したものだったが、三年後の一九六七年になぜか早々に目立たぬ形で分離可能と修正され、支援者のための援助モデルとなって、現在に至る（小森 2017）。

D・クラークの『シシリー・ソンダース――人生と遺産（*Cicely Saunders: A life and legacy*）』（Clark, 2018）は、興味深い記述に事欠かない。例えば、一九六〇年から翌年にかけてシシリーにとってかけがえのない三人の人々（患者であり恋人のアントーニ、父親、G夫人）が立て続けに亡くなった後の複雑性悲嘆を彼女がどう乗り越えたかが描かれている。シシリーは「落ち込みと怒りが治まらず混乱しているのよ」とかかりつけ医のデイム・アニス・ジリーに助けを求め、精神科医で心理療法家のアンソニー・ストー（ユング派、訳書多数）を紹介された。面接は二回。彼は、シシリーに怒りを表現

し「それを吐き出す」ように言うが、彼女は、自分はそういうタイプではないし、死にゆく人に仕える身として得策ではないと答える。それでも彼は「さっさとやってしまえ」と言い、彼女もアドバイス自体は悪くないと思うものの、面接はやめて、自ら「闘い続け」る。そして、文通相手のシスターの助言に耳を傾ける。「怒りを表現してはいけない、精神科医ではなく神に耳を傾けるべきです」(Clark, 2018, p.124)。後年、シシリーは、オランダのカトリック司祭、ヘンリ・ナウウェンの『心の奥の愛の声』を読み、自らのもっと深いところにある悩みを理解する。彼女が祈りの言葉によって見出したものは、怒りや混乱ではなく感謝であった。ソンダースと神との間のアフェクト。

ところで、私が二〇〇六年にがんセンターに赴任するにあたって「予習」したヘツキとウィンズレイドの『人生のリ・メンバリング——死にゆく人と遺される人との会話』では、キューブラ＝ロスの悲嘆に関する段階説は患者の語りに支配的言説の影響が加味されておらず益より害多きものとされている（Hedtke & Winslade, 2004／訳書四〇－四三頁）。しかし、その自然な進行とされる否認、怒り、取り引き、抑うつ、受容には少なくとも二つの感情がある以上、それを情動によって再考できないものかと考える。それがグリーフワークをするためのマニュアルではなく、キューブラ＝ロスが情動実践を続けたその都度の経過を素描した結果であるなら？　一九七〇年代アメリカはシカゴの大学病院に設置された実験的環境における結果なのだとしたら？　そこにあっただろう情動感情面接から私は、韓国の小説家パク・ソルメの『未来散歩小説』への韓国語で書かれた斎藤真理子の推薦文を想起する。

現在とは、単純な「今」ではなく、過去と未来の間で誰かが粘り強く続けている「練習」の時間なのかもしれない。パク・ソルメの想像力がそれを可視化する。この作家は、断言せず、逡巡し、言葉を選びながら、事実と現実と真実のあいだを慎重に行き来する。この三つの「実」のどれもこぼさずに過去から未来へ運ぶことはとても難しい。だがパク・ソルメはそれを勇敢に、そして何気なくやりとげる。散歩するために出てきたような身軽な様子で。(Solmay, 2021／訳書二一八頁)

発見に対する受容性

デンボロウ論考収録の『*International Journal of Narrative Therapy and Community Work*』は、彼の論考への反応と、ナラティヴ情動実践の報告で構成されている。中でも、バイヤーズの「生物学的時代におけるマイケル・ホワイトの個別主義的倫理観」(Byers, 2019) は衝撃的であった。彼女は哲学者として、マイケルの著作に道徳哲学の個別主義や反理論的アプローチを読み取る。具体的には、アイリス・マードックの「発見に対する受容性」(Murdoch, 1997) がフィーチャーされているそうだ。

バイヤーズによれば、マイケルの個別主義的実践倫理とは、彼が出会った人々の言葉やフレーズ、話の切り口、物語、物語の断片から何かを発見しようとする受容性であり、それは会話発言やそこに登場する新語の中のローカルで特殊なものに注意を限定することだ。

ここでマイケルはnarrativeというよりliteratureに一気に近づく。科学の真実性が再現性であり、説明的であるのに対し、文学における真実性の証は個別性ないし固有性にあり、記述的である。マイケルは架空の世界ではなく人々の生活の現実に関心を抱いていたが、文学の持つ二つの個別性を共有した。第一に、性格、生活、世界における個別性、第二に、一般に知られているものを新しい、あるいはこれまで聞いたことのない方法で明らかにすること。それは、ルールや一般論の例外を引き出す学習方法を開発するマイケルの才能にも明らかである。

実際、目の前のrealな人物の個別性を尊重してまじまじと眺め回したところで、その先に行けるのか？　これまで聞いたことのない方法でアプローチすることが必要だ。例えば、その目の前の人物とそれなりに似たところのある小説の登場人物とを並べてみるのはどうだろう。登場人物は架空ではあれ十二分にrealityがある。実在であれ架空であれ、二人の人物を比較参照することで新しい発見が得られるのではないか（エピローグに記述のセンセイを参照）。心理療法はずっと隠喩一辺倒でよく飽きもしないものだと思うが、それこそが構造主義的発想にとどまる証である。そこから抜け出すには、換喩で代替するのが一つの手である。

ここで私たちは、自らにとってナラティヴで一番大切なものは何かと再考すべきだと思う。あなたはナラティヴの、マイケルのセラピーの何に一番魅了されたのか？　そして、それが達成されるためには何が最も必要とされるのだろう？　私は、今ここで、「発見に対する受容性」をとりたい。それは、ことに「慣れ親しんだものを見知らぬ異国のものにする」精神、「足場作り会話」「潜－在」「ダブルリスニング」などの、マイケルの後期の実践の基盤である。

ナラティヴ情動実践中途報告

このあたりで、「情動」という概念を頭の隅に置きながら臨床を続けると、実際にその治療なりケアはどう変わるのか、中途報告をしておきたい。ある放射線科医のうつ病治療体験である。

私は放射線科医だ。読書感想文コンクール[2]の受賞作を読んで感銘を受け、自分でも『テイキング・ターンズ』と『母のがん』を読んでみた。ここ一年、うつの治療をしてくれた精神科医にそのことを話した。前者はスタッフのエピソードを、後者は家族それぞれの目線をあんな風に言葉と絵で紡いでいて素晴らしい、と。私も父親を見送ってはいるが、二冊を読んで泣くことはなかった。ただ、画像検査のことは本の中によく出てくるので、主治医と患者の理解の違いに思いを馳せた。

ここまで話して不意に、私は、妻の叔父からCTを見てくれと頼まれたことを思い出した。病変は大きくなくても場所が悪くて、そのときに自分が泣いたことを思い出した。不意に記憶が蘇ったのは、自分が口にした「検査」という言葉のせいだ。精神科医は情動が動いたのだと言った。確かに、叔父のCTを最初に読み始めたときは感情的になって、これは読み続けられないと思い、信頼する外科医に相談した。精神科医は泣いたときにどんな感情だったかと訊いた。「ああ、治らないんだな」、悲しいのでしょうか、亡くなる、この人がいなくなるんだという思いだった。『母のがん』を読み終えたときには、こんなことは思わなかったが、久しぶりに思い出した。折に触れて叔父のこと、涙で画像が見えなくなったエピソードのことは思い出してきた。これを他人に話したのは初めてだ。飲み会で話したら、泣いてしまうだろう。大切な記憶だから。あのとき、最初、しっかり診断しようと思って診ていたのに、まもなく画像が歪んできて、自然と涙が溢れてきて。こう話したとき、自分が声を詰まらせていることに気づく。それは言葉にしにくい感じで。あのときも興奮が冷めるまで待って、ああ、これじゃ正確に評価できないから誰かに頼もうと思った。

精神科医は、なぜその叔父さんにはそれほど愛着を感じていたのかと尋ねた。盆暮れに酒を飲み交わしたくらいなのに。妻の親戚で一番優しくしてくれる人。うまが合うというか、優しい父親のようというか。自分の父親はそうではなかった。私が離婚したときには、すでに亡くなれていた。今の私くらいだっただろうか。孫は見たのか、いや娘の結婚式に出るか出ないかというタイミングだったはずだ。精神科医は茶目っ気のある目をこちらに向けて、こう言った。「来年のコンクール用に代筆しておきましょうか?」

◆注

1 箭内によると、「脱イメージ化」と「再イメージ化」は、ドゥルーズとガタリの「脱テリトリー化」と「再テリトリー化」に倣う形で概念化された。

2 愛知県がんセンター緩和ケアセンター主催のがん教育プログラム。二〇一九年より始まり、毎年受賞作は同センターHPで公開中。課題図書はマンガである。母の肺がん治療を作者である長男らがサポートするブライアン・フィースの『母のがん』とエイズ病棟の多職種協働を描いた元ナースのM・K・サーウィックの『テイキング・ターンズ』である。

第六章　神経科学と感情

岸本寛史

第6章のテーマは神経科学と情動である。情動に関する神経科学の知見を示すことが目的であれば、神経科学の専門家に執筆いただくべきだろう。しかし、本章の主たる関心は、神経科学とナラティヴ・セラピー（あるいはもう少し広く、心理療法全般）との関係について論じるところにある。私は神経科学と精神分析の統合を目指す神経精神分析に関心を持ち、十五年前から国際学会にも参加し、最近ではその中心人物であるマーク・ソームズの著書の翻訳を出版した。そういう事情もあって私がこのテーマを担当することになったというわけだ。ただ、私自身は神経科学の専門家でも、精神分析家でもないので、あくまでも一学徒としての見解にとどまることをお断りしておく。それぞれの専門家ではない分、両者に義理立てする理由もないので、それぞれの学問の価値観からフリーな立場で論じることができるという点では有利な立場にいるとも言えるかもしれない。

心と脳の関係

神経科学とナラティヴ・セラピー

第一部には、神経科学者がよい感情を持たないだろうと想像される部分が散見される。例えば、「神経科学は、『養育する大人の心やコミュニケーションのパターンは、発達中の子どもの脳の組織を直接形成する』(Siegel, 2012, p.103) ゆえ、『子育ての失敗』には代償があるということを指摘し、緊張をさらにあおっているようだ」(Marsten, Epston, & Markham, 2016, pp.198–199／本書一九頁) という部分。「神経科学が『養育する大人の心……は、発達中の子どもの脳の組織を直接形成する』ゆえ、……代償があるということを指摘」というところまでは中立的な記述だが、「緊張をさらにあおっているようだ」という部分は、エピジェネティックスの専門家には言いがかりのように受け取られ、感情的な拒絶を誘発してしまうことが懸念される。この種の批判は神経科学そのものに向けられるべきではなく、神経科学の知見を安易に心理学に転用しようとするところに向けられるべきであろう。ここを丁寧に見ておかないと (この点については後述する)、産湯と共に赤子を放り出してしまうことになる。先に断った通り、私は神経科学の専門家ではないので、神経科学に義理立てする必要はなく、また、マーステンらにも他意はない。事実、この批判、さらにはデンボロウの「ニューロコンシール」の指摘は、神経科学と心理学を統合しようとする際に最も留意すべき点の一つを指摘していると私も思う（この点についても後述する）。ただ、その批判の矛先を神経科学に向けるのは適切ではないし、無用な対立を煽るという点ではもったいないとも思うのである。

もう一箇所取り上げておこう。ジマーマンがユング派の分析家マーガレット・ウィルキンソン（Wilkinson, 2010）を参考にしながら「安定した関係の中で情動がもたらされ、調節されるとき、過去よりも現在に結びついた新しい一貫した物語が出現する」（Zimmerman, 2018, p.20／本書一八頁）と指摘していることに対し、デンボロウが警鐘を鳴らしている次の部分。「これは『科学』が語っているのか、それとも支配的な西洋文化の要請が『科学』を通じて語っているのか？『調節』『一貫性』『過去からの分離』を重視することは、私たちの感情的な生活やアイデンティティを概念化する一つの方法にすぎない。それが唯一の方法であり、神経科学の知見がそれを『立証する』とほのめかすことは、多くのことを曖昧にする危険をはらんでいる」（Denborough, 2019, p.18／本書一八－一九頁）。

不思議な巡り合わせだが、ここで参照されているウィルキンソンの著書『セラピーと心の変化』（Wilkinson, 2010）にも私は翻訳に携わった。だからよくわかるのだが、ウィルキンソンは、トラウマに対する精神分析の初期の取り組み（デンボロウが再トラウマ化の危険があると注意を促しているようなアプローチ）の問題を認めた上で、退行を本質的には原始的である心の変容状態を含むものと理解して、セラピストの側であまりに禁欲的な技法を用いると治療的な進展をもたらさないばかりか、トラウマ体験が再度体現されること、一方的になされる解釈は反治療的になりうることを指摘し、まずは安心な関係を築き、その上で患者の覚醒状態を計りつつ「耐えられるぎりぎりを扱う」ことの重要性を強調している。ナラティヴ・セラピーでは、「心理的問題は、感情の『抑圧』が原因であり、そのため『表現』ないし『排出』される必要がある」という考え方にも、「セラピストは感情を表に出してはいけない」という考え方にも、「厳格に挑戦してきた」とデンボロウは述べているが、ウィルキンソンのアプローチもそれと共振するものであるように私には思われる。そして、ウィルキンソンが神経科学の知見と照らし合わせながら従来の分析心理学のアプローチをアップデートしようとしてきたことを考えれば、神経科学の「立証」を盾に自らのスタンスの正当性を主張しているとは必ずしも言えないのではないかと思う。デンボロウの論考には目を開かれる部分も多いが、神経科学との関係を考えていく上ではやや勇足と私には見える部分が散見される。

心と脳の関係

それでは、神経科学とナラティヴ・セラピーの関係をどう理解すればよいか。そのためには、脳と心の関係をどう理解するかという心脳問題に対する自らの立場を考えておく必要がある。

心脳問題に対する回答は四つあるという（山本・吉川 2016）。その四つとは唯物論、唯心論、二元論、同一説である。唯物論は人間の本質はモノであると考え、物質だけが存在するとしている。私たちが精神や心と呼んでいる何かは物質的に解明できると考える物理主義的唯物論と、心は脳という物質から創発すると考える創発主義的唯物論が区別される。

唯心論は「すべては心に還元できる、言い換えれば、物は実在しない」との立場をとる。「人間が意識しているもの、意識できるものだけが存在している」という唯心論の考え方は、「世界についての私たちの認識が社会の産物だ」（松村 2021）とする社会構成主義とは相性がよい。しかし、すべてが社会的に構築されているのなら電車の前に立ってみればよい、という批判に端的に現れているように、電車の物質性や私の身体性に関しては実感にそぐわないところがある。構築主義は社会批判の武器としてはその冴えを見せるが、唯心論を徹底させて、その矛先が認識論や本質論を超えて実在論の領域にまで及ぶとジレンマに陥る。社会構成主義を背景とするナラティヴ・セラピーが身体や感情の問題と取り組むとき、このジレンマが浮上してくると思う。

二元論には、主に三つの考え方がある。物と心は何らかの手段によって相互作用しているという「相互作用説」、物と心は厳密な平行関係にあるとする「平行説」、そして物である脳の働きに伴って心が生じるとする「随伴説」の三つである。

そして最後の同一説は、物としての人間と、心としての人間は、同じ何かの異なる見え方なのだとする立場をとる。人間は物でもあるし、心でもある、というわけである。マーク・ソームズの二面的一元論は同一説に位置づけられる。この「同じ何か」（フロイトはこれを心的装置と呼んだ）が問題となるわけだが、ソームズは、物と心の双方から抽象化されている必要があり、その候補の一つとして自由エネルギー原理を考えている（Solms, 2021a）（ここでは本章の主題からそれるため、これ以上の言及は控える）。

ソームズに強い影響を受けてきた私自身も、二面的一元論の立場が有用だと考える。以下の論考はこの立場に立ってのものであることをまず断っておきたい。二面的一元論の立場からは、神経科学の知見も、心理学の知見も、同等の重みをもって尊重される。一方を他方に還元することはできない。デンボロウは「（外在化する会話の中で）人々が自分の経験を自分自身の正確な言葉や用語で名づけることを可能にすることは、癒しの神経伝達物質を放出するから重要なのであろうか？」（Denborough, 2019, p.19／本書二二頁）と問いかけているが、二面的一元論の立場からすればこの問いかけ自体が疑問視される。というのも、自分の経験を名づけることと、その際に神経伝達物質がさまざまなパターンで変化していくこととは、同じ事態の異なる二つの現れだからである。名づけるから神経伝達物質が増えるのでもなく、神経伝達物質が増えるから名づけるのでもない。ここで生じていることを内側から（主観的に）表現すれば「名づけ」となるし、外側から（客観的に）脳で生じていることを観察すれば神経伝達物質の増減ということになる。二面的一元論は「事態」を心と脳の双方から複眼視しようとするのであって、一方を他方に還元したり一方を他方で説明しようとしたりはしない。双方を同等に尊重する。

巷に溢れる脳科学の知見の用い方は、二面的一元論の立場からすると、あまりに粗雑と思われることが少なくない。その意味で、デンボロウの指摘は、特にニューロコンシールと彼が名づけた事態を警戒しておくことは、非常に大切である。しかし、もし神経科学の知見を視野に入れようと思うのであれば、唯心論的な社会構成主義の立場を貫くと、ジレンマが生じることは避けられないのではないだろうか。この意味で、神経科学の知見を参照する前に、上記の四つのうちのどの立場に立って神経科学の知見を見ていくのか、立ち止まって考えておく必要がある。それではなぜわざわざ複眼視をする二面的一元論の立場に私は立つのか。この点については、後の論考で触れることにしよう。

ポスト認知としての感情

問いの設定——ポスト認知としての感情

本章は二〇二二年に立命館大学茨木キャンパスで行われた臨床ナラティヴ・セミナーのシンポジウム「ナラティヴと情動（Affect）」での討論がもとになっている[1]が、このシンポジウムの開催にあたり、企画者の安達映子先生からシンポジウムの趣旨をまとめた以下のようなメールがシェアされた。

> この間、この「ナラティヴと情動という」テーマで少しリサーチしていて、いくつかの流れが同時的に起こり、錯綜していること、その面白さと難しさに気づきました。

一つ大きいのは、神経科学の進展、研究動向の推移としての、高次脳から「低次脳」への関心の移行、要は情動が「見える」（ようにみえる）ようになったこと、そこに、心理学の関心も重なって、ポスト認知としての情動への傾斜が起こっているという、その流れ。……

これが、ナラティヴ・セラピーにとっては、やっかいなところでもあり、離れようとしてきた内在化志向（自律的言説の方）に引き戻す推力になってしまう、という面もあるわけですね。

ここに本章の核となる部分が見事に示されているので、それを解きほぐすところから始めてみよう。まず、「ポスト認知としての情動への傾斜」という短いフレーズだが、ここに多くのことが詰まっている。「ポスト認知」について述べるためには神経科学における「認知」について知っておく必要があるが、「認知」そのものが、安達の言を借りれば「ポスト行動」とでも言うべき意味を担っており、さらに神経科学における「行動」は、「ポスト心理」とか「ポスト精神分析」（あるいは強い言い方をすれば「アンチ心理」「アンチ精神分析」と言うべきかもしれないが）という意味を担っていた、ということも把握しておく必要があるので、そのあたりから論述を始めることにしよう。なお、以下の論考は、最近訳書も出版された『神経精神分析入門』（Kaplan-Solms & Solms, 2000）に大きく依拠している。

神経科学者フロイト

周知のごとく、フロイトはもともと神経科学者だった。フロイトの研究は、一八七七年、下等生物の脊髄神経節細胞の微細構造の問題を出発点として、徐々に、生物系については甲殻類や魚類から人間へと移り、神経系については脊髄や脳幹を通って大脳皮質へと上行し、さらに個々の神経細胞の構造から脳の全体としての機能へと移っていった。そしてついに、人間の神経心理学の原型とも言える問題、言葉の大脳における局在（すなわち、失語の解釈）という問題に行き着いた。そして『失語症の理解に向けて』（Freud, 1891）の中で、狭義の局在論（例えば脳のどこそこに言語中枢があるというような考え方）には反対の立場を示し、心的過程の力動的性質についてより詳しく調べていく必要があることを強調した。フロイトは、局在論そのものを否定したわけではないが、狭義の局在論には批判的だったという点は、感情と神経科学について考える上でも大切になってくるのでここで強調しておきたい。

組織学から神経心理学へとこのように緩やかに移行する間に、フロイトは実験的医学の秩序《オーダリー》ある世界から臨床の疾患《ディスオーダー》へと移ることにもなった。そしてフロイトは、当時の神経科医が直面していた最大の難問の一つ、神経症という問題に取り組むことになる。なぜ難問かというと、それが生理学的に説明ができない症候学だったからである。神経科も含む内科学では、当時、臨床解剖学的方法、つまり身体の損傷部位と一定の症状とを対応させることで、症状から身体内部の損傷部位を想定するという方法によって積み重ねられた知見を土台としていた。この臨床解剖学的方法についても後で感情について考える上でもう一度触れるので、記憶にとどめておいていただきたい。

臨床解剖学的方法に精通していたフロイトは、当時の脳科学の研究水準は、心的過程の力動的性質を説明するには遠く及ばないと見抜いていた。それで一八九五年から一九〇〇年の間のどこかで、心の生理学的基礎を明らかにするために、神経学的な研究方法をやむなく手放すことにした。

それ以後、フロイトは神経学の言葉で語ることをやめ、精神分析の方法を洗練させ、心の力動的性質と無意識的構造を探求し理解できるような科学（メタサイコロジー）を可能にするような理論の構築に専心する。フロイトは有名な『夢解釈』（Freud, 1900）の中で、「私たちがここで問題にしている心的装置が解剖標本の形でも知られているという事実を考慮しないでおく」よう主張し、「心理学の地平にとどまる」ように訴えたが、これは当時の脳科学的方法の限界を自覚した上での暫定的な主張であるという点には注意が必要である。これを真に受けた精神分析家には、神経科学がどれほど進歩しようとも、精神分析は臨床的、心理学的アプローチの枠内にとどまるべきだと主張する者もいるようだが、それはフロイトの真意ではない。脳科学と精神分析の分離は、便宜的なものであって、近い将来、脳科学が十分進歩すれば、その溝を埋められるようになるとフロイトは考えていたのである。

ポスト精神分析としての行動主義

フロイトが脳科学から離れ、症候群の心理学的構造を研究し、「心的装置」のモデルを作ることに専念したのに少し遅れて、心的なもの、内的なものに依拠せず、外から観察可能な行動だけに焦点を当てる行動主義の心理学が生まれた。彼らは行動の観察が心的過程を研究する唯一の方法であり、最善の方法であると主張したのである。

行動主義者は、すべての学習が「報酬」と「罰」によって支配されていると主張し、厳密な実験を行って「効果の法則」を生み出した。ある行動に一貫して報酬が続く場合にはその行動が増加し、一貫して罰が続く場合には減少するというものである。ソーンダイクは、動物は考えることで学ぶのではなく試行錯誤して学ぶということを証明したいと考えていが、ソーンダイクの法則は、実際には感情の法則と等しいもので、その本質はフロイトの「快原則」にほかならないと言える。しかし、行動主義者は「感じ（feeling）」というような主観的なものの存在を受け入れることができず、スキナーは「いわゆる情動は、一般には行動の原因と見なされているが、実際には架空の原因であるということの最たる例である」と述べるほどであった。

ポスト行動主義としての認知科学

行動主義の極端な見解に対する批判から、一九五〇年代に認知科学が生まれた。これは環境と人間の行動、思考、体験との間を結びつけるような精神の構造とプロセス（mental structures and processes）を明らかにしようとするもので、これはのちに神経科学における「認知革命」とも呼ばれた（Kihlstrom, 1987）。しかし、この認知革命は、十七世紀と十八世紀に生まれたジョン・ロックとデイヴィッド・ヒュームによる経験主義的な連合主義の復興と同時に生じたとソームズは指摘しているので、連合主義について簡単に述べておく。

連合主義

ロックやヒュームは、「心は白紙の状態から始まり、感覚的な振動が残した印象からすべての特異的な特性を獲得する」と理論化した。その印象は、さまざまな種類の規則的な結合によって互いに連合され、物体の記憶イメージを生成するようになり、それが後に、より抽象的な観念の基本的な構成要素となる、と考えられた。観念が外部からの刺激に反応して意識的になる仕方は、統覚と呼ばれた。これは構成主義とも相性のよい考え方ではないかと思う。

心に関するこの哲学的な考えは、初期の神経学者が追随する地図となった。現代神経心理学の一九世紀の先駆者たちが、これらのプロセスの神経相関物を確立しようとしたとき、彼らは感覚器官が大脳皮質に接続されていることを観察し、感覚的な「振動」がこれらの接続する神経の中で生じていると推測した。このようにして、精神活動それ自体を生成する「統覚」とそれを連合した「観念」は、大脳皮質の現象であると推定された。

当時の偉大な神経解剖学の権威であるマイネルトは、一八八四年に出版した有名な著書『精神医学(*Psychiatrie*)』(Meynert, 1884) において、精神を、「感覚−運動的な末梢が大脳皮質上に投射されて生成された対象の記憶イメージの総体、および、そのような記憶イメージと抽象的な観念を構成する記憶イメージとの間の超皮質的な連合である」と特定した。当然のことだが、マイネルトはこれらのイメージと連合と観念のすべてを大脳皮質に位置づけた。彼はこれを脳の「随意的」な部分と呼び、感覚神経や運動神経を介して身体の末梢部分と直接つながっていると主張した。大脳皮質は皮質下灰白質とは独立して身体と接続しているというところがポイントである。これに対して、脳の皮質下の部分も、それ自身の別の経路を介して、大脳皮質や身体の末梢部分と接続していることも確認されていたが、これらの経路は「反射的なもの」と記述された。こうして私たちは「二つの脳」を持つことになる。「反射的な脳」と「随意的な脳」である。ここまできてようやく、安達が言う「高次の脳」と「低次の脳」という言葉の背景が見えてくる。

このように、一八八〇年代の神経科学者が大脳皮質の機能と皮質下の機能を特定しようとするとき、ロックとヒュームの経験主義がその土台を提供していた。そして、フロイトは当時の脳科学の方法の限界を悟って脳科学から離れ、心理的な過程の研究に専念し、それを否定する形で生まれた行動主義は、心的過程そのものを否定した。神経科学の進歩と相まって一九五〇年代に生じた神経科学における「認知革命」において、心的過程を検討する際にこの経験主義の図式が復活することになったのである。以上の点を理解しておくことが、情動の神経科学について考える際、重要になってくるのでここで強調しておく。

意識の理論と連合主義

行動主義が認めなかった脳というブラックボックス、特に大脳皮質の内部で、どういう情報処理が行われているのかを、認知科学は次々と明らかにしていった。しかし、認知神経科学の研究の進展に伴って提唱される理論は基本的には経験主義的な連合主義の域を出るものではなかった。その後、陸続として提唱された意識に関する理論はほとんどすべて、基本的にはこの域内にとどまる。ジェームズ・ニューマンとバーナード・バースは、視床が統一された「グローバル・ワークスペース」を大脳皮質に生み出させ、ばらばらの情報が包括的にアクセスできるようになれば経験になると提案した。スタニラス・ドゥアンヌとライオネル・ナカーシュは、前頭前野と頭頂葉の連合皮質野が、一次感覚領域の活動を統合してこのワークスペースにすると補足した。ジェラルド・エーデルマンは、視床皮質の「再入力ループ」を鍵となる機能として導入し、そのループ内で統合された情報が初期レベルの知覚処理へと送り返されるとした。ジュリオ・トノーニは、結果として生じる「大規模に統合された」情報処理を強調し、最小情報単位の間の統合の度合いこそが重要な構成要素であって、意識はどれほど多くの情報が統合されているかの関数であると主張した。フランシス・クリックとクリストフ・コッホは、大脳皮質におけるガンマ振動の同期が経験を結合して貯蔵する、との仮説を立てた。つまり、統合は空間よりも、むしろ時間の中で起こるという。ロドルフォ・リナスも同じように、四〇ヘルツ以下の視床皮質活動の同期を示唆した。

これらの理論に共通しているのは、意識は大脳皮質の活動から生み出されるという考えで、マーク・ソームズはこれを「大脳皮質論」と呼んでいるが、そしてそれを批判して独自の意識論を提唱しているのだが、これまでの論述から、大脳皮質論の背景には経験主義的な連合主義が土台にあることがわかると思う。

一九九〇年代には認知科学は知覚や記憶も含めて、多くの精神機能は結局のところ意識的なものではないと認識することとなり、認知科学の中で認知的無意識という概念が確固としたものとなった(Kihlstrom, 1987)。これらの知見は、本来は意識的ではない大脳皮質のさまざまな機能が連合することで意識が生み出されるという形で経験主義的な連合主義に基づく意識の理論を強化するという面もあっただろう。

ダマシオと臨床解剖学的方法

このような状況の中で、神経科学は感情・情動にも関心を向けることになった。意識も感情も一九八〇年代には神経科学の正当な研究テーマとしては認知されていなかった。感情が正当なテーマとして認められるきっかけとなった著書として、アントニオ・ダマシオの『デカルトの誤り』(Damasio, 1994)と、ジョセフ・ルドゥーの恐怖に関する研究をまとめた『エモーショナル・ブレイン』(LeDoux, 1996)が挙げられると思うので、両者を簡単に見ておく。

ダマシオは神経科学者だがその専門は行動神経学である。行動神経学は行動主義と名前は似ているが、行動主義のように刺激と反応を分析していくのではなく、脳の損傷部位と行動の変化との関連を研究していく。つまり、その中心的な方法論は臨床解剖学的方法なのである。その端緒はフィネアス・ゲージという患者であった。一八四八年、鉄道拡張工事の際、爆発に巻き込まれ、鉄棒が左の頬にめり込み、頭蓋の底部に突き刺さり、大脳の前部を貫通して突き抜けた。一命はとりとめ、知覚や運動には問題を生じなかったが、「同僚に敬意を払わず、自分の願望に反する束縛や忠告に苛立ち、どうしようもないほど頑固になったかと思うと、移り気で、優柔不断で、将来のことをあれこれ考えても、実行には移せない」といった具合で、かつての穏やかでバランスのとれたエネルギッシュな人物とはまるで変わってしまった。

ゲージの解剖は行われなかったが、その墓から頭蓋骨と鉄棒が取り出され、その損傷部位が検証された。そして前頭前皮質がその主な損傷部位であることが明らかにされた。前頭前皮質の損傷により無感情となったことから、感情の欠如が歪んだ行動を生むのではないかと考えられた。

一方、右半球の体性感覚野を含む損傷を受けた患者では病態失認が認められることから、ダマシオは、体性感覚野が感情に必要な地図を提供すると考えた。病態失認とは、例えば左半身が麻痺しているのに、麻痺を認めず、手は動く、ただ自分で動かそうとしないだけだ、など病気であることを認識できない状態を指す。病態失認では感情と情動が欠如しているように見えることから、感情には身体の地図が必要だと考えたのである。ただし、この点については、後で見るように、ソームズが批判的に検討を加えたのだが、それはともかく、このように、ダマシオは臨床解剖学的方法に基づいて、感情には辺縁系、前頭前皮質の一部、身体からの信号の地図が重要であると主張した。

ダマシオにとっての情動と感じ

ダマシオは情動（emotion）と感じ（feeling）を区別している。ダマシオにとって感情（感じ）とは、身体の構造と状態を直接見張らせる窓から目にするもの（身体風景の一部の瞬間的な眺望）である。感じの本質は、特定の内容についての思考が進行しているときに身体がしていることを経験することであり、このような、情動に由来しない感じを背景的感じと呼んだ。そして、このような背景的感じを感じることは、進化的に古い構造、先ほどの言い方を使えば、皮質下の構造で継続的に行われているとした。

一方、情動とは特定の脳システムを活性化する特定のメンタルイメージと結びついた一連の身体状態の変化で、情動を感じることの本質は、そのサイクルを引き起こしたメンタルイメージを並置しながらそのような変化を経験することだと考えた。

これは、基本的にはジェームズ－ランゲ理論、つまり、悲しいから泣くのではなく、泣くから悲しい、という考えを踏襲するものである。さらに、皮質下で生じる反射を基本とする一次情動が、前頭前皮質と体性感覚皮質に拡大したものが二次情動であるとして、一次と二次の情動を区別した。

さまざまな感じは、五つの一次情動（喜び、悲しみ、恐怖、怒り、嫌悪）が背景的な感じと相まって微妙に変化した情動に基づくと説明されたのだが、すでに経験主義的な連合主義について述べたことを踏まえれば、この考え方も経験主義的な連合主義の再来であることがおわかりいただけるだろう。つまり、私たちが体験するさまざまな感じは、外界の知覚によって生み出されるさまざまなパターンと、皮質下の一次情動とその瞬間ごとの背景的感じとから生み出された二次的な情動とが一緒になって生まれると考えられているので、基本的には連合主義の枠内にある。ダマシオはこの考えをさらに進め、身体内部の状態を反映する背景的感じは、そのパターンが大脳皮質に記憶されると、身体からの入力なしに経験することが可能となると考え、それを可能にするメカニズムを「あたかも装置（as if devices)」と呼んだ。あたかも装置があるおかげで、大脳皮質のみで情動を経験することが可能となるというわけである。

また、推論を行う際、特定の反応オプションとの関連で背景的感じが生じるが、この感じがポジティヴであるかネガティィヴであるかは、推論の過程に影響を与える。この背景的感じは、そのときの身体の状態を印づけるものでもあるので、これをソマティック・マーカーと呼んだ。

以上がダマシオの『デカルトの誤り』のポイントとなる部分だが、ダマシオの卓見は、推論や意思決定において感じが果たす役割を無視できないこと、情動と異なる背景的感じに注目し、身体内部の状態を視野に入れたことが挙げられる。しかし、大枠ではジェームズ－ランゲ理論を踏まえた連合主義に、言い方を変えれば大脳皮質論に立脚するものでもあった（ダマシオはのちに徐々に考えを変更して、この後で述べるパンクセップの考え方にかなり近づいている）。ダマシオのこの著書は非常な反響を呼び起こし、三十か国語に翻訳された。感情が神経科学の正当な研究テーマとして認められるきっかけになった重要な著作と言えるだろう。

ルドゥーの情動理論

これに続く形で一九九六年にジョセフ・ルドゥーが『エモーショナル・ブレイン』(LeDoux, 1996)

という本を出し、これも反響を呼んだ。ルドゥーはもともと分離脳患者の研究から出発し、当時の技術的な限界を考えて、齧歯類の脳の研究へと進み、パブロフの条件づけをモデルとして恐怖・脅威の神経回路を明らかにした（「恐怖」と「脅威」という言葉の区別についてはこのすぐ後で説明する）。脅威反応における扁桃体の役割を明らかにし、扁桃体への二つの感覚経路を分析して、詳細な分析は行わず迅速に反応する皮質下の「低路（low road）」と、より低速だが高度な処理を行う皮質の「高路（high road）」という概念を生み出した。

ルドゥーは主観的な含意のある不安（anxiety）とか恐怖（fear）という言葉を動物に使うことは避け、脅威（threat）という言葉を意図的に使っている（LeDoux, 2015）。脅威反応は齧歯類でも生じるが、恐怖という主観的な感情は大脳皮質が発達した人間に特有のものであるとの立場をとっているからで、その背景には、感情は大脳皮質で（特に背外側前頭前野で）存在するようになると考えていることがある。大脳皮質論の感情版とも言えるだろう。これをパンクセップは「読み出し理論（read-out theory）」と一括して批判しているのだが、現代の感情・情動に関する脳科学的な研究では読み出し理論の方が主流を占めている。

連合主義と感情理論

ここまできてようやく、もともと私に求められていたパンクセップの感情神経科学について述べる準備が整ったことになる。上記の事情を踏まえると、ポスト認知としての情動への傾斜、というとき、ダマシオやルドゥーらの業績は、研究対象が認知や意識から感情・情動に移ったという意味では、ポスト認知と位置づけられるかもしれないが、経験主義的な連合主義、あるいは大脳皮質論をそのまま踏襲しているという点では、それほど革新的なインパクトがあるわけではないという見方もできる。真に革新的なのは、パンクセップの感情神経科学が提唱する感情理論の方だと思われるが、その革新性を理解するために、皮質と皮質下の構造の位置づけについて述べておかねばならない。

皮質から皮質下へ

二つの脳

本章のテーマはもともと、安達映子先生からのメールを受けて「高次脳から『低次脳』への関心の移行」であったが、「高次」「低次」という言葉には価値観が入る余地があるので、もう少しニュートラルな「皮質」「皮質下」という言葉に変更させていただいた。ここで、皮質とは大脳新皮質を指し、皮質下とは主に大脳基底核、視床、脳幹などの構造を指す。

すでに前節で述べた通り、当時の偉大な神経解剖学の権威であるマイネルトは、『精神医学』(Meynert, 1884) において、精神を「感覚－運動的な末梢が大脳皮質上に投射されて生成された対象の記憶イメージの総体、および、そのような記憶イメージと抽象的な観念を構成する記憶イメージとの間の超皮質的な連合である」とし、これらのイメージと連合と観念のすべてを大脳皮質に位置づけた。これに対して、脳の皮質下の部分は別の経路を介して、大脳皮質や身体の末梢部分と接続しており、これらの経路は「反射的なもの」と記述された。こうして私たちは「反射的な脳」と「随意的な脳」という二つの脳を持つことになり、随意的な脳（皮質）を反射的な脳（皮質下）の上に置くようになった（Kaplan-Solms & Solms, 2000）。

このような皮質中心主義的な見方は感情の研究にも影を落としている。脳科学において、研究対象が認知から感情へと拡大してきていることは確かであるが、多くの感情理論では、皮質下の感情回路で生じていることを大脳の新皮質が読み出す（認知する）ことによって感情が体験されるという立場をとっており（これをパンクセップは感情の「読み出し理論」と呼んでいる――Panksepp & Biven, 2012）、ここには皮質から皮質下への関心の移行はみられない。脅威反応（恐怖反応）における扁桃体の役割を明らかにしたジョセフ・ルドゥーも、構成主義的情動理論を展開するリサ・フェルドマン・バレットも、情動は大脳皮質で生み出されるとの立場をとっている（ルドゥーは「恐怖」という言葉は人間のみが体験できる感情であるとして、動物に対しては脅威――threatという言葉を用いていることは前節で述べた通りである）。基本情動の回路は皮質下の構造なので情動回路を明らかにするためには皮質下の構造に目を向けざるをえない。しかし、何らかの誘因で賦活された皮質下の情動回路を大脳皮質が読み出すことで感情体験が成立するとの立場からすれば、感情の首座は、皮質下ではなく、あくまで皮質にある、ということになる。この意味で「皮質から皮質下へ」というシフトは生じていない。affective turn の主流は皮質中心主義の圏域内にとどまっている。

皮質下へのシフト

このような状況の中で、感情神経科学を提唱したヤーク・パンクセップ (Panksepp & Biven, 2012) や意識に関する独自の理論を提唱したマーク・ソームズ (Solms, 2021a) は、意識や感情の首座を、大脳皮質ではなく、皮質下の構造に見出している。その根拠は臨床解剖学的な知見で、皮質が広範に損傷されても意識や感情は保たれるが、脳幹上部の構造が損傷を受けると意識や感情が大きく変化することに求められる。彼らは大脳皮質が果たす役割も十分に認めているが、大脳皮質がなくても、皮質下の構造だけでも、感情は感じられると述べている。例えば、パンクセップは次のように述べている。

情動を伴う身体的興奮は、通常、脳そのものが引き起こすことが知られている。しかし、それにもかかわらず、感情は実際に言語化することで初めて生まれると主張する研究者さえいる。……そうすると、私たちが注目する脳の深部は、いかなる経験も生み出すことができないことになる。しかしエビデンスはそうではないと語っている。読み出し理論では暗黙のうちに、意識を認知と同一視し、意識とは、感じやそれに付随する思考を自己意識的に自覚することであると見なしている。そして、意識が常に認知的であるなら、感情も何らかの形で認知的でなければならないと考えてしまうのである。読み出し理論によれば、情動の生理的変化や本能的行動を生み出す脳の深層機能は非認知的であり、深い無意識にあるはずなので、情動の意識は生まれないことになる。感情的意識は、高次の認知活動に不可欠な脳の最上部、大脳新皮質に大きく依存した意識的思考からしか生まれないと彼らは言う。しかし、意識と認知を同一視することに反する動物実験の結果と臨床所見は膨大な数にのぼる。感情的な感じを意識の基本的な形態である考えたとき、そのような心の状態を、人間の合理性の基盤である認知的意識を構成するような情報処理と区別する方法はたくさんある。(Panksepp & Biven, 2012)

パンクセップによれば、認知的意識と対比して、感情的意識には次のような特徴が認められる。感情的意識は、新皮質より皮質下の構造との関わりが多く(more subcortical)、計算論的な要素はより少なく、アナログ的な要素がより多く、行為の中に意図があり(intention in action)、知覚のために行為し(action to perception)、神経調節物質(ニューロペプチド)が媒介する(これに対して、認知的意識は、皮質下より新皮質の構造との関わりが多く(more neocortical)、計算論的な要素がより多く、アナログ的な要素はより少なく、行為のために意図し(intention to action)、行為のために知覚し(perception to action)、神経伝達物質［グルタミンなど］が媒介する)。そして、このような特徴を持つ感情的意識は人間に特有のものではない。

私たちが知る限り、すべての哺乳類の脳の基本的な生物学的価値は、同じ基本計画に基づいて構築されており、意識を生み出す感情回路は、新皮質という人間で高度に発達した「思考する帽子(thinking cap)」［大脳皮質のこと］のはるか下にある皮質下の領域に集中して配置されている。このような基盤がなければ、精神生活は不可能である。そこには、私たちが他の哺乳類と共有している祖先の脳ネットワークがあり、数十グラムの脳組織が私たちの情動生活の基盤を構成し、私たちが自分の中で情動的に良いとか悪いとか感じることができる多くの原始的な方法を生み出しているのである。これらの皮質下のネットワークは、細部は異なるものの、すべての哺乳類で非常によく似ている。(Panksepp & Biven, 2012)

基本的な生物学的価値とは、快不快、好き嫌い、良い悪い、という最も原始的な感情のことである。快を求め不快を避けるのが自然な反応であり、その生物にとって一つの価値判断を示すものとも言えるが、その判断は、同じ基本計画に基づいていて、皮質下の領域に集中している。意識を生み出すと彼らが考えているこの基本構造を哺乳類は共有していることを考慮すると、哺乳類にも意識があることになるが、実際、パンクセップはそう考えている。言葉で表現できなくとも、ある条件が揃っていれば、意識は生まれ、感情も感じられる。ダマシオは、その著書名(『デカルトの誤り』)が示すように、心と身体を切り離してそれぞれ独立したものであると考えたのは、デカルトの大きな誤りだったと述べたが、パンクセップは、動物が意識を持たず経験もしないと考えるのは、もう一つのデカルトの大きな誤りであると言っている。

方法論

そもそも、パンクセップやソームズが、感情・情動を対象とする神経科学の主流とは異なる主張をすることになったのはどうしてだろうか。私は、その背景に、方法論の違いがあるのではないかと考えている。そこで、彼らの方法論を見ておこう。

パンクセップが感情科学の知見を生み出していく際に、三角測量法（triangulation method）を自覚的に用いていたことは注目に値する。三角測量法とは、既知の一辺と二箇所の角度からその三角形の頂点に当たる点までの距離を決定するという方法で、もちろん、パンクセップは自身の科学的方法論の比喩として用いているが、そこで彼が挙げた三点は以下のものである（Panksepp & Biven, 2012）。

①哺乳類の脳
②他の動物の本能的な情動行動
③人間の心の主観的状態

この三つの要素から感情の本体に迫るというのがパンクセップの方法であった。第一の要素は哺乳類の脳を研究することで、これにより脳のシステムと機能が明らかになる。物質としての脳は厳密な科学的研究の対象とすることができる。脳がどのように働くかがわかって初めて、人間や動物の行動や精神を深く理解することができるからである。

第二の要素は、動物の行動、特にその自然な（本能的な）行動傾向、つまり条件づけされていない反応（UCR）を注意深く研究することである。天敵に対する恐怖のように学習しなくても外的対象と結びついた感情もあるが、学習によって外的条件や対象とも結びつくため、感情は成長とともにさまざまな外的条件と結びつけられる（条件づけ）。学習によって条件づけが形成される前の感情の回路を調べるためには、生まれて間もない動物の本能的な行動を調べることになる（人間の感情は学習によってさまざまに修飾されているので、その根底にある基本情動の特徴を、生後間もない［学習をあまり経験していない］動物の本能的な行動を観察することで明らかにしようというのである）。

第三の要素は心理分析で、これには人間の感情経験に関する言語による自己申告が含まれる。人間は自分の感情について話すことができる。動物がある脳操作で情動行動を起こすことが観察され、さらに人間で同じような脳領域を刺激したときに同様の行動を示すのであれば、そこで語られる体験に相当する体験を動物もしていると考えるのが理にかなっている。例えば、基本情動の神経回路は、哺乳類で「同じ基本計画に基づいて構築」されており、同じような情動行動を生み出す。そして、ヒトで、これらのシステムを電気的に刺激すると、常に激しい情動を経験するが、人間の場合、その体験を言葉で伝えることができる。違いは言葉を使えるかどうかだが、たとえ言葉でそれを伝えることができなくても、動物で同様の感情体験が生じていると考える方が理にかなっている、とパンクセップは考えるのである。ここで、**人間の主観的な経験は、動物の観察結果を補完する**ものと捉えられている。実験動物は、脳操作において、神経系のある状態を回避したり、逆に求めたりすることから、少なくとも動物が望ましい精神体験と望ましくない精神体験を実際に持っていることは間違いない、とパンクセップは確信しているからである。

このように、パンクセップは、脳の神経回路（①）、行動（②）、主観的体験（③）の三つのアプローチを手がかりに感情を明らかにしようとしている。多くの研究者はこのような方法を採用しない。一つのアプローチに専心する。脳科学者の多くは①しか手がかりにしていないように見える。そうすると、最初から主観は研究対象から除外され、視野に入ってこない。しかしパンクセップは三角測量法を用いて感情を立体的に明らかにしようとしている。ここに大きな違いがあるのではないかと思う。本章の冒頭で述べたように、ソームズも二面的一元論という、主観と客観を同時に尊重するアプローチをとっている点が主流派とは異なる（Solms, 2021a）。

感情の分類法としてよく知られているのはポール・エクマンの分類だが、パンクセップとの分類の不一致は、主に研究の方法論の違いに起因する。というのも、エクマンは顔の表情とそれに関連した行動に基づいて分類を行っているからである。また、パンクセップを批判するリサ・フェルドマン・バレットは、主に人間の自己申告に基づく感情に焦点を当てて分類を行っている。それに基づいて彼女は構成主義的情動理論を提唱するわけだが、「社会的に構築された表面の下に、自然な形の基本情動が潜んでいるという事実を反証するものではない」（Solms, 2021a）。

情動プロセスのレベル

パンクセップは、脳の情動的感情における制御レベルに三つのレベルを区別している。一次プロセスは皮質下の基本感情、もしくは原初的感情のレベルで、ここには情動的感情（情動的行動システム、行為の中の意図）、ホメオスタシス的感情（空腹や口渇など、身体からの内受容）、感覚的感情（外受容、つまり、感覚によって誘発される快・不快の感じ）などが含まれる。二次プロセスは基底核を介した学習のレベルで、古典的条件づけ（扁桃体を介したFEARシステムなど）、オペラント条件づけ（側坐核を介したSEEKINGシステムなど）、行動的・情動的習慣（背側線条体で多くは無意識）がある。三次レベルは新皮質の「自覚」機能が働く感情で、認知実行機能（思考と計画）、情動的反芻と調節（前頭葉内側部）、自由意志（工事の作業記憶の機能、行為のための意図）などがある。

上記の三つのレベルのうち、最も基本となる一次レベルの感情については、研究が遅れていた。「哺乳類に共通する一次プロセスの情動のメカニズムが脳内でどのように構成されているかを研究している神経科学者は少なく、心理学者はさらに少ない。ほとんど誰も、感じ（感情）の側面について研究していない。このことは、脳の中で感情が実際にどのように作り出されるのかについて、百年にわたって沈黙が続いてきたことの説明にもなる」（Panksepp & Biven, 2012）。聴覚や視覚などの知覚機能については、多くの科学者が研究してきたのに比べ、「脳の一次プロセスである情動ネットワークはほとんど無視され」、社会科学者や哲学者はもちろんのこと、心理学の多くの研究者も放置してきたという。

この一次レベルの基本感情の一つ、情動的システムについて、パンクセップは、哺乳類の脳の皮質下領域には、少なくとも七つの基本情動、あるいは基本感情のシステムが存在することを明らかにした（Panksepp, 1998; Panksepp & Biven, 2012）。SEEKING（探求）、FEAR（恐怖）、RAGE（怒り）、LUST（喜び）、CARE（ケア）、PANIC/GRIEF（悲しみ）、PLAY（遊び）の七つである。これらのシステムは、異なるタイプの感情的な意識を生み出す（それぞれについて詳述する紙幅がないが、この中でPANIC/GRIEFについては後で少し詳しく述べる）。

人がある感情を体験しているとき、その感情と関連のある、自分に起こっていることについての記憶や思考が豊富に生み出されている（三次プロセス）が、その情動を誘発する刺激や情動によって引き起こされる行動パターンには学習の影響もある（二次プロセス）。さらにその底で基本情動システム（一次プロセス）も賦活されている。このように、この三つのレベルは入れ子のような関係になっているところに特徴がある。人の感情は、白紙に自由に書き込むことで形成されるものではなく、いくつかの雛形があり、成長とともに二次レベル、三次レベルで複雑に書き込まれてできあがってくる（Panksepp & Biven, 2012）。一次レベルの雛形を知ることは感情をより適切に理解する助けとなるが、詳しくはこの後で論じる。

パンクセップは感情を三次プロセスが入れ子になったものとして捉えていて、通常私たち人間が経験する感情は、この三つのレベルが複雑に絡み合ったものである（図6・1参照）。第二章の「基本的感情論からの脱却」で論じられていることは、パンクセップの感情理論を正しく理解していないことに起因しており、産湯と共に赤子を放り出そうとしているように私には見える。

なお、パンクセップは基本情動を示す際、例えばFEARのような大文字による表記を意図的に用いているのだが、これは感情の中核に一次的なプロセスがあることを示すと同時に、脳内にそれに対応する回路があることを表しており（これらの情動を生み出す脳領域は、脳の最も古い領域である中央の腹側に集中している）、さらに、動物でも人間と同じような感情体験をしているという意味も含まれている。

ホメオスタシスと感情

パンクセップは一次レベルの基本情動を感覚的（外受容的）、ホメオスタシス的（内受容的）、情動的の三つに分類した。ソームズは前二者を身体的感情、後者を情動的感情（身体も関わるが、単純な意味で身体的とは言えない）と呼んでいる。脳にとっては身体（脳

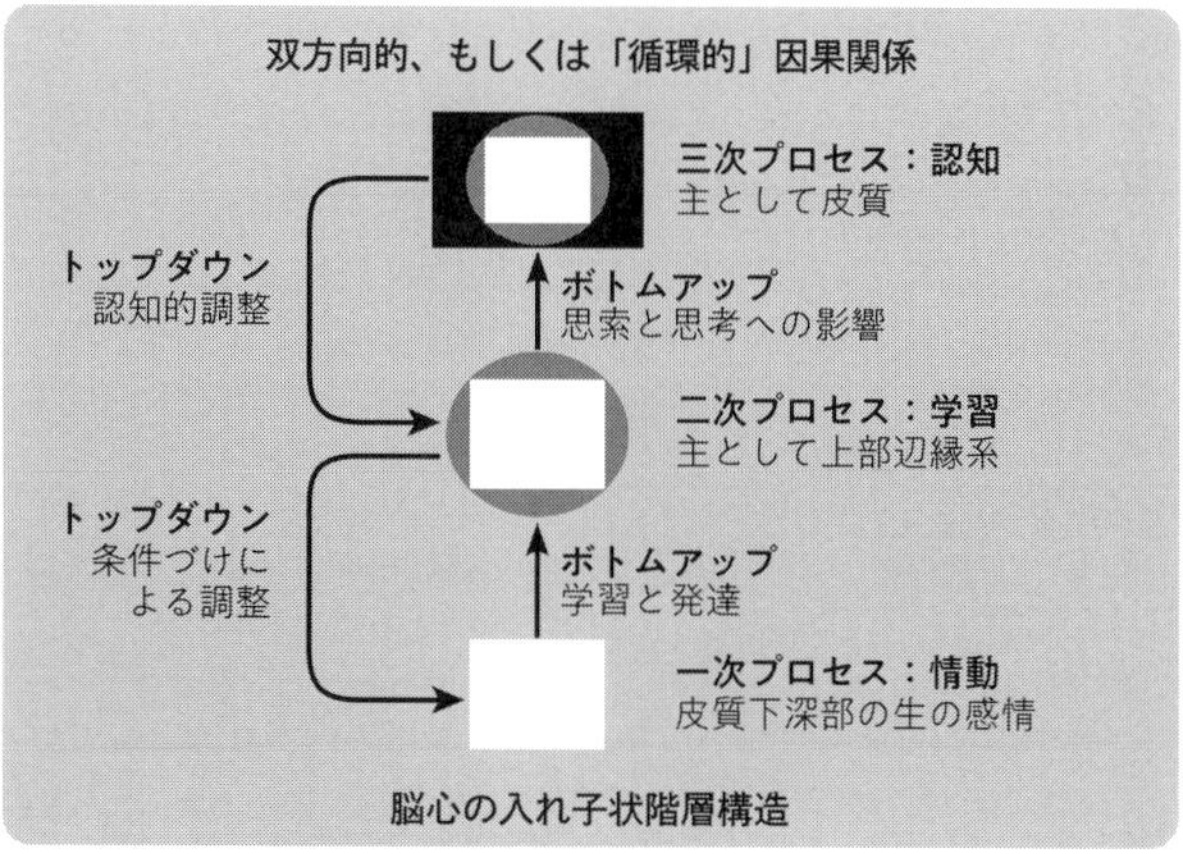

図 6・1　感情の三次構造（Panksepp & Biven, 2012 より作成）

を除く）も外部である。だから、脳は外界と身体との間に挟まれているとも言える。脳には外界の環境からの情報は感覚神経を通じて、また、身体内部からの情報は自律神経などを通じて入ってくる（それゆえ前者を外受容と呼び、後者を内受容と呼ぶ）。情報の伝達様式も、外受容ではチャンネル型、内受容では状態型と異なる。情動的感情システムは、外受容によっても内受容によっても賦活される。

パンクセップのホメオスタシス的感情という命名に対して、ソームズは「すべての感情がホメオスタシス的」なものだから、混乱を招くと注意を促している。実は、ここは非常に大切な部分で、「すべての感情がホメオスタシス的である」というソームズの洞察が、意識が生まれてくるメカニズムを解明する突破口となったからである。

当然のことながら、どのような生命体も、生理的に生存可能な範囲にいなければ生存できない。身体の内部や外部の環境因子の変化にかかわらず生体の状態が一定に保たれるという性質をホメオスタシス（恒常性）と呼ぶ。ホメオスタシスは生物が生物である要件の一つである。体温を例に挙げよう。水風呂に入れたお湯が蛇口の下で球体を形成して周囲の水と分離したまま残る、ということは起こらない。エントロピーの第二法則（エントロピーは常に増大する）を免れることはできない。しかし、生物はホメオスタシスを維持するために、想定範囲から外れると、元に戻そうとしてさまざまなフィードバックを働かせ、エントロピーに抵抗する。

ホメオスタシスと感情との関係については、ホメオスタシスを維持するための定常点から外れることは不快と感じられ、定常点に戻ることは快と感じられるという形で関係づけられる。しかし、これだけでは、温度調節を行うサーモスタットも感情を持つことにならないかとの声が聞こえてきそうである。生物はそれほど単純ではない。生物が生存していくためには、多数の変数について恒常性維持を行わなければならず、そのためにどの欲求に基づいて行動を行うかの判断が必要になる。その際の精度調整が感情的意識にほかならないというのがソームズの主張であり、その判断を行う構造が脳幹上部に集中しているため、ソームズは意識の源を脳幹上部に求めているのである。またこれは、脳幹網様体という脳幹上部にある構造が少しでも損傷すると意識が失われるという臨床解剖学的事実ともよく符号する。

このように、パンクセップは一次レベルの感情を明らかにする過程で、感情的意識を生み出す構造が脳幹上部にあることを明らかにし、ソームズは感情をホメオスタシスという観点から捉え直すことにより、意識の源が脳幹上部にあることを明らかにした。彼らの仕事こそ、真に、皮質から皮質下への関心の移行を表すものであると思われる。

パンクセップとは誰か

パンクセップの関心

感情神経科学（affective neuroscience）を創始したヤーク・パンクセップ（Jaak Panksepp）は一九四三年六月五日にエストニアで生まれ、二〇一七年四月十八日に亡くなった。第二次世界大戦後のロシア占領の惨禍を逃れるため、パンクセップ一家は彼がまだ幼い頃にアメリカに移住した。長じてピッツバーグ大学の工学部で学び始めたが、すぐに臨床心理学に転向した。大学の学費を稼ぐために精神科の病棟で働き、患者と接したり、カルテを見ているうちに、精神病理学と人間の行動を理解する鍵はまず感情を理解することであるとの洞察を得たことが転向の理由だったという。当時のアメリカの心理学では、行動主義や学習理論が主流であったことを考えると、パンクセップがこのような洞察を得たのは、彼が理想主義を胸に抱く青年であったからだろう、とパンクセップの教え子のケン・デイヴィスは記している（以上はDavis & Montag, 2018による）。

パンクセップは、人間の感情を理解するためには、動物実験による脳研究から始める必要があると見抜いていた。パンクセップの博士号の取得は一九六九年で、研究テーマは「攻撃性の神経基盤」。最初の論文発表は一九六七年だから、感情が神経科学の正当なテーマとして認められず無視されていた時代に、主流派の流れとは独立して感情の研究に打ち込んできたことがわかる。

彼は、自分の研究が、推論に基づく精神科の治療を、脳研究に基づく治療にしていくための重要な媒介になると考え、精神医学や精神療法に寄与したいと考えた。この気持ちは終生変わらず、精神科医と協働して臨床研究を多数行ってきたし（例えばYovell et al., 2016）、精神医学の教科書も編集している（Panksepp, 2004）。パンクセップの精神療法・精神医学への熱意についてはソームズが興味深いエピソードを述べている（Solms, 2021b）。

> ヤーク・パンクセップの業績を理解する上で覚えておくべき最も重要なことは、彼が精神分析家ではないということです。……彼はいかなる種類の心理療法家でもありませんでした。したがって、私たちは彼の考えを自分の分野に取り入れるのではなく、応用する必要がありました。パンクセップは、少なくとも臨床医（神経科医）のアントニオ・ダマシオとは異なり、健康な人や病気を患っている人の心の特徴について、ほとんど何も知りませんでした。彼が人間について何も知らなかったというわけではありません。ヤークは真に人間的な人で、人と接するのが上手でした。しかし、彼には臨床の専門知識はありませんでした。
>
> 彼がケープタウンに私を訪ねてきたとき、私は彼を［心臓移植が世界で最初に行われたことで］有名なグルーテ・シューア病院の病棟に連れていき、彼が興味を持ちそうな患者を診察しながら、さま

ざまな神経心理学的症状や徴候を見てもらったのを思い出します。私は、彼が自分の見たものをほとんど理解していないことに驚きました。例えば、右半球の広範な梗塞の後に左半身が強く麻痺した症例で、教科書的な病態失認の患者を見てもらった後、私はヤークにこの患者と何か話をしたいかと尋ねました。彼は「ええ」と答え、彼女の方を向いて優しく尋ねました。「気分はどうですか［How do you feel?／どのように**感じ**ますか］」。すると、彼女は、病態失認の患者なら誰にでもあることですが、「大丈夫です、ありがとうございます」と答えました。ヤークは、この答えに完全に困惑してしまったようで、それ以上何も言うことが思いつきませんでした。……彼は、患者が言葉では病気を否定していても、感情面では真実が見えているはずだと、純粋に思っているようでした。（Solms, 2021b）

ソームズにパンクセップを貶める意図は全くない。ソームズ自身、まだ駆けだしの頃、神経心理の専門家として初めて脳外科病棟に行ったときに失神することになった経緯を隠すことなく公にしている（Solms, 2021a）。ここでソームズが強調しているのは、人も含めた**哺乳類が共有する基本情動の神経回路を研究する**生物学者のパンクセップは、**人の心理の専門家ではない**ということである。だから、パンクセップは、うつの患者が、「怒り（RAGE）」と「悲しみ（PANIC/GRIEF）」との感情の間で葛藤状態にある（後述）とは思いもよらず、病態失認の患者に「防衛」が働いていることも全く知らなかった、とソームズは述べている。このような状態で精神分析家に適切な助言ができるはずもないのに、パンクセップは精神療法への提言を次々と行った。精神分析家のビヴンとの共著『心の考古学（*The archeology of mind*）』を執筆した際も、このことが原因で袂を分かつことになったという（共著として出版されたが、第12章と第13章はパンクセップ単独の執筆であると注釈が入っている。これらの章の内容にはビヴンは同意できなかったのである。ソームズもこの本を紹介するときには第12章と第13章は参考にしないようにと注意しているほどである）。ソームズは率直に、個人的にも、公の場でも、このことをパンクセップに伝えていた。

ヤーク、私たちはあなたを愛しているし、あなたから学ぶことも非常に多いのですが、精神療法に関しては、あなたは自分が何を言っているのかわかっていません。だから、そんな提言をするのはやめてください。あなたが精神分析家に仕事のやり方について助言するのは、精神分析家があなたにネズミの実験計画について助言するのと同じくらい愚かなことです。それぞれが自分の知っていることに専念すれば、お互いから学ぶことができるのです。(Solms, 2021b)

ヤークはわかったと受け止めてはくれるものの、それでもさらに大胆な提言すらし続けたという。ソームズの次の言葉は、主観を扱う心理療法に客観性を重視する脳科学の知見を取り入れることの難しさをよく表している。

とにかく、パンクセップの知見を精神分析に適用する作業は、きちんとやろうとすれば、時間がかかり、複雑なものになるということです（もちろん、ダマシオの知見も同様です）。しかし、それはあらゆる努力に値するものです。私たちがゆっくりと証拠となる基盤を更新し、経験的な信頼を再確立し、精神科学のファミリーに再び加わることで、精神分析への報酬は膨大なものになります。（Solms, 2021b）

ソームズはパンクセップの研究が神経科学と心理学を統合する上できわめて大切であることを見抜いていた。だから、パンクセップと共に神経精神分析学会を立ち上げたし、二〇〇〇年に開催された第一回国際神経精神分析学会のテーマとして情動（emotion）を選んだのである。しかし、両者を統合することが簡単なことではないことも十分自覚していた。

脳科学と心理療法の統合

脳科学の知見と心理療法の実践とを統合することは、「きちんとやろうとすれば、時間がかかり、複雑なものになる」。このことを肝に銘じるべきである。一般向けの脳科学本では、脳科学の知見から安易な推奨や提言がなされていて、この点に対する思慮がなさすぎると感じるものが多い。アカデミックな世界でも、精神医学の研究が圧倒的に脳の研究に比重を置いているのに対し、それが心理療法にどの程度活かされているかを考えると、非常にお寒い状況ではないだろうか。神経科学と神経心理学の両方を専門とするダマシオのように著名な学者ですら、病態失認の患者が、自分の障害に注意を向けることができないのではなく、自分の障害に無意識のうちに気づいているが、能動的に注意をそらしている可能性を考慮することができなかった（Kaplan-Solms & Solms, 2000）。心は想定以上に複雑なのである。

この点で、精神分析は、フロイトの「純粋な心理学的基盤の上にとどまる」（Freud, 1900/1953）という基本姿勢を遵守しておよそ百年の間、心理分析に専念して知見を積み重ねてきたので、脳科学の知見と照合する上で、きわめて詳細に吟味された心理学的理論としてふさわしいと言えるだろう。ソームズはそのように考えて、精神分析と脳科学とを統合しようとしている。

私がソームズのこの考えに触れたのは、二〇〇四年頃で、『*The brain and the inner world*』（Solms & Turnbull, 2002）を読んだときだった。同じような関心を持つ後輩の平尾和之先生（現在は京都文教大学教授）にも勧め、彼がその翻訳『脳と心的世界』を二〇〇七年に出版してくれた。そして私は二〇〇八年に国際神経精神分析学会に初めて参加し、以来、ほぼ毎年のように学会に参加してその知見を吸収してきた。私は脳科学の専門家でも、精神分析家でもないので、安易に両者を結びつけるよりも、それぞれの知見を吸収し、それを私のフィールドであるがんの診療に多少なりとも活かすことに専念してきた。

国際神経精神分析学会は、ワークショップではその年のテーマに関して、精神分析と脳科学の双方のレクチャーがあり、年次大会では、双方の分野から発表がなされるとはいえ、事例研究はなく、私の偏った印象かもしれないが、精神分析家が脳科学の知見を吸収するという趣が強いように見えた。事例研究が行われるようになるとよいと期待していたが、ようやく二〇二二年になって念願が叶った。ソームズが月に一度のケースセミナーを開始し、実際の精神分析の臨床において、パンクセップの感情神経科学の知見をどう活かすかということに正面から取り組み始めたからである。そこでは参加者が提示する事例を、①患者が苦しんでいる感情は何か、②なぜこの患者がこの感情を苦しむことになったのか、③その患者が用いている防衛は何か、という三点から検討されている。まさにパンクセップがやりたいと考えていたことである。そして、私としては、十五年以上待ってようやく私がまさに聞きたいと思っていた取り組みが始まったという感慨がある。パンクセップの感情科学を精神分析と統合することは「あらゆる努力に値する」というソームズの言葉がリップサービスではないことがわかるだろう。

というわけで、パンクセップの基本情動に関する知見は、そのまますぐに臨床に活かせるものではないし、安易に都合のよいところだけを取り出すのは間違いのもとになるだろう。しかし、主観という捉えがたいものに正面から取り組む心理療法家にとって、自らの足元を照らしてくれる常夜燈として、感情神経科学の分野で明らかになってきたことを知っておくことは必要なことではないかとも思うのである。

ボーン・トゥ・クライ

上記のパンクセップの描写からは、心理療法のことにも口を出したがるお節介な（悪く言えば自制の利かない）神経科学者というイメージを持たれるかもしれない。しかし、パンクセップの『心の考古学（*The archaeology of mind*）』の第九章（Born to Cry）（Panksepp & Biven, 2012）を読まれると、また違う印象を持たれることだろう。その冒頭部分は以下の通りである。

もし守護天使がいるのなら
なぜ私は一人
心は苦しく、目は虚ろなのだろう。
どんな過ちを犯したら、かつて輝いていた
光が
人生を呪う光に変わるのだろう？

もし愛がすべてなら、太陽の光を奪い、
注意散漫にして破綻をもたらすようなことがどうして起こるのか。
どんなふうに心拍が欠ければ

私の全てを奪うような
一撃を食らわせる雨を降らすことができるというのか。

アネサ・ミラー「悲しみの時」（一九九五年）

うつ病の主な原因の一つは、癒えることのない悲しみのために心を蝕む精神的苦痛である。この詩の最初の二つの節は、深い喪失感の悲惨さを伝えており、ここで失われたのは子どもの命である……。

これは、一九九一年、娘の死の数か月後に、私［パンクセップ］の伴侶であるアネサが書いた詩である。私の娘ティナと三人の美しい十代の少女が亡くなった。全員が「サッズ」というあだ名の大酒飲みに殺された。彼の血中アルコール濃度は法定限度をはるかに超えており、普通なら意識を失うほどの数値だった。彼は少し前に離婚したばかりで、その聖金曜日に妻が自分の子どもたちに会わせてくれないこともあって、怒りにまかせて一晩中飲んでいたのだ。彼は怒り狂っていて、ひどく酔ったまま道路に飛び出していった。真夜中に私は病院に呼ばれた。「事故だ、たぶん娘さんが巻き込まれた」と。私は急いで駆けつけた。ティナと二人の友人が亡くなり、もう一人も瀕死の状態だった。車体の側面衝突から奇跡的にほぼ無傷で助かったのは一人だけだった。

その夜、私は一人で過ごした。妻のアネサは会議でワシントンに行っていたからだが、彼女も急いで帰ってきた。私の悲しみと怒りは、果てしなく続くように思えた……長い間。ほかの三つの家庭も壊滅的な打撃を受けた。無謀な酔っ払いは、「カウボーイ」気取りの警官に追われて猛スピードで逃げていた。パトカーは夜だというのに、無謀にも、サーチライトもサイレンもつけずに寂しい田舎道を飛ばしてサッズを追いかけた。事故が起こった交差点のすぐそばに建つ家で聖金曜日の夕食をとっていた心ある家族がそう証言してくれた。警察組織は警察の不適切な行動の証拠を隠そうとし、医師は「守秘義務」を理由に回復した酔っ払いの血中アルコール濃度の結果を公表しようとせず、地域社会を二分した。この小さな学園都市は、しばらくの間、「上から」の意図的な情報操作によって、どちらかの味方につくことで引き裂かれてしまったのである。

その夜、私は幼少の頃以来、初めて、涙を流した。長い間、私は深い悲しみと、癒える見込みのない憂鬱な悲しみを味わった。私は神経科学者で、脳が太古から持つ分離苦痛のメカニズムを実証的に解明しようとしていたが、そしてこの分離苦痛は人間の最初期から持つ社会的絆の主要な情動的源泉の一つだが、そんなことは私に起こったことは助けにならず、実際、私の心はひどく混乱していた。愛する仲間や思いやりのある友人がいなければ、きっと慢性的なうつ病になっただろう。抗うつ剤も、暗闇へ落ち込むのを少し和らげてくれた。哺乳類の脳にある分離苦痛のメカニズムは、特に別離の最初に経験する痛みは、人間の悲しみへの、そして持続的な抑うつ的絶望への入り口を開くと考えられており、人生の早い時期に起こった両親の喪失による場合にはそうである。(Panksepp & Biven, 2012)

初めてこの章を読んだとき（二〇一四年頃だったと思う）、何とも言えない気持ちになった。聴衆を笑いに誘う見事なレクチャーをするパンクセップの姿しか知らなかったからである。さらに、同書の序文には、パンクセップ自身が悪性リンパ腫（血液のがんの一種）を患ったが寛解したことが、さらに、妻のアネサがパンクセップとは種類の異なる悪性リンパ腫で抗がん剤治療中であるにもかかわらず、同書の草稿を読んで校閲をしてくれたことへの謝辞が添えられていた。これらの事情を知ってからは、国際神経精神分析学会で聞くパンクセップの講演が、それまでとは違う響きを持つようになった。彼は自制の利かないお節介な生物学者などでは全くなかった。

パニック／グリーフ

パンクセップは、脳の情動的感情おいて、一次から三次までの三つの制御レベルを区別し、さらに一次レベルのプロセスとして、情動的感情、ホメオスタシス的感情、感覚的感情を区別したことは前節で述べた。これらの中でもパンクセップは一次レベルの情動的感情である七つの基本情動システム（basic emotional system）に焦点を当てて精力的に研究を行った。[2]

パンクセップは、基本情動として、「SEEKING」「RAGE」「FEAR」「LUST」「CARE」「PANIC/GRIEF」「PLAY」の七つを挙げている（Panksepp, 1998; Panksepp & Biven, 2012）。ルドゥーが主観的な含意を避けて恐怖（fear）を脅威（threat）と言い換えた（LeDoux, 2015）のとは対照的に、パンクセップは、これらの脳回路が主観的な感情にも対応することを示すためにあえて主観的含意のある用語を用い、一般的な感情だけでなく神経回路も想定されていることを示すために、すべて大文字で表記している(Panksepp, 1998; Panksepp & Biven, 2012)。

七つの基本情動を逐一解説することは本章の趣旨とはそぐわないので、ここではPANIC/GRIEFを取り上げる。この基本情動にパニックとグリーフという二つの名前が併記されていることを疑問に思われるかもしれないが、これは、この感情が二相性の反応を示すからである。PANIC/GRIEFは愛着のある対象から引き離されたときに、典型的には、幼児が母親から引き離されて泣き叫ぶときに発動する。これがパニックの段階である。泣き叫んでも母親が現れないことが長く続くと、望んでも無駄だとあきらめ、閉じこもり、動かなくなり、何も望もうとしなくなる。生態学的には前者は「抗議(protest)」行動、後者は「絶望(despair)」の段階と呼ばれてきた。

哺乳類はすべて、乳幼児期に、愛着のある対象から引き離されると「抗議」行動を示し、それでも愛着対象が現れないと「絶望」行動を示すようになるというステレオタイプな反応を示す。生物学的には、親の庇護が必要な乳幼児期には愛着対象から離れてしまうことは生存という点で不利であり、分離の苦痛を感じることで親元にとどまることになる。また、親がすぐに現れず抗議行動の時間が長引くと、天敵の目を引くしエネルギーも消耗するため、生存には不利になる。そこで、「絶望」行動に切り替わり、天敵から身を隠しエネルギーを節約する方が生存に有利になる。このように、生物学的に見て、これらの情動には十分な理由があるのである。「抗議」と「絶望」はもちろん、ヒトの乳幼児でも見られる。ボウルビィの古典的な記述が示す通りである(Bowlby, 1969)。

臨床的には、パニック発作はPANIC/GRIEFのパニック段階、抑うつはグリーフ段階がその根底で賦活されていると捉えられる。また「抗議」行動が見られる時期、つまり愛着対象が不在のときには、「お母さんはどこ?」という愛着対象に対する怒りの情動も賦活されるため、PANICとRAGE（怒り）の二つの情動が葛藤状態に陥る（Solms, 2021a）。罪悪感はRAGEを抑制する二次的な情動として生まれてきたもので、学習による結果である。

パニック／グリーフ不安は、恐怖不安（FEAR）とは、神経回路においても、神経伝達物質においても、明確に区別されるという事実は臨床的な意義が大きい。実際に体験される不安は、一次レベルのみではなく、二次レベル（学習）、三次レベル（認知）が入れ子状に絡み合って形成されるため、明確に区別できないこともあるが、考え方として、その核にPANICがあるのかFEARがあるのかと考えておくことは薬物療法を行う上でも心理療法を行う上でも助けとなるだろう。

神経伝達物質の点から興味深いのは、このPANIC/GRIEFの苦痛が、オピオイドで和らげられるということである。抗うつ薬が開発される以前にモルヒネが抗うつ薬として用いられた時代もあった。それが用いられなくなったのは、依存性が問題になったからであるが、最近では依存性の少ないオピオイドを用いて気分障害の治療も試みられている。

進化論的には、このオピオイドを介した回路は、もともと脳の古い鎮痛システムから進化したもので、喪失という心の痛みは、身体の痛みのメカニズムを精巧にしたものなのである。アイゼンバーガーが機能的磁気共鳴画像検査を用いて社会的な痛みの情動成分は身体的な痛みの情動成分と区別ができない（Eisenberger et al., 2003）ということを明らかにして以降、心の痛みと身体の痛みは、痛みの体験という点では区別ができないと考えられるようになったが、神経回路の知見もこれを支持する。さらに言えば、愛着対象への愛情ある関係の性質と、モルヒネなど快をもたらす物質への嗜癖的な性質は神経回路の面からは重なりが多く、愛は原初的な嗜癖であるという側面があるのではないかとソームズは述べている（Ellis & Solms, 2018）。

このように、パンクセップの感情神経科学は、行動主義、認知科学の後に生じた情動への傾斜の一般的な潮流とは一線を画すもので、大脳皮質論を踏襲する多くの感情神経科学とは違い、まさに「ポスト認知」の名にふさわしい理論体系を構築していると思われる。パンクセップがこのような道を独自に切り開いていったその背景には、本章で述べたようなパンクセップの生き方が少なからず影響していることが垣間見えるのではないかと思う。

意識は知覚の束であるというヒューム的な見解が感情神経科学でも有効であるのなら、安達先生のメールにあった「やっかいなところ」は生じずに済むかもしれない。しかし、生命がエントロピーに逆らって自己制御的なシステムを構築したところにその端緒があるのであれば、内在化志向に目を瞑ることはそもそもできないのかもしれない。

◆注

1 本論に入る前に訳語の問題に触れておきたい。本章では「感情」「情動」「感じ」はそれぞれ、「affect」「emotion」「feeling」の訳語として用いている。精神分析ではaffectは「情動」、emotionは「感情」が定訳となっているという。またユング心理学ではfeelingは「感情」と訳されている。脳科学の領域に限っても訳語は一定していない。
これらの用語は、その使用者によってその内包するところがさまざまであり、混乱や誤解のもととなっている。本来は用語を統一するのが望ましいのだろうが、それぞれの学問領域ですでに一定の意味内容をはらんでいる用語を変更することには抵抗も強く、さらに混乱を招く可能性もある。したがって、誰がどの文脈で用いている言葉なのかを確認するという作業を怠ると、思わぬ行き違いが生じることとなる。

本章の議論は、基本的には神経精神分析のマーク・ソームズやヤーク・パンクセップの仕事を基礎に据えているため、ソームズの翻訳書の訳語を踏まえた上で上記の訳語を当てているので、まずはこの点を押さえておいていただきたい。

2 論文の中で明確に述べているわけではないが、パンクセップの講演録では、感情（affect）を意識的なもの（conscious）、情動（emotion）を意識下のもの（subconscious）と述べているところがあるので（Panksepp, 2005）、一応そのように区別をしていたと推測される。

第七章　ナラティヴ・プラクティスと情動

安達映子

情動（affect）／感情（emotion）はこの二十年あまり多様なジャンルで注目され、言語論的転回ないしは認知論的転回の次なるシフトとして情動論的転回（affective turn）が名指されるようになった。このことを知った――意識できた――のは、本書が企画される直前である。手元にある書籍や雑誌の中で、確かに情動／感情は多く取り上げられている。それを知りながら無視していたわけではない。わたしには、単純に「見えていなかった」のだ。おそらくそこには、情動／感情にやすやすとは近づきたくないという、どこか否認めいた「脳の自動処理」があったのではないかと今にして思う。

情動、感情、あるいは少し延長して感性や情感といった言葉は、警戒心なしに近づくのが難しい一群、あるいは領域である。女性は、それらを「得意分野」とするカテゴリーとして称揚され、同時にこれを理由に「制約」を受け非難されてもきた。何らかの達成があれば「女性ならではの感性」との言い振りで、能力や努力とは別のニュアンスで持ち上げられ、「共感能力」の高さがケア役割を担うべき自然／性質（nature）に結びつけられる。他方で、「感情的」であることは女性普遍のマイナス特性とされ、特定の職業や活動から女性を排除してよい理由にもなってきた。「女には向かない」ことを正当化するふるまいにとって、身体――「体力」「産む性」そして「感情」――はいつも切り札なのだ。

生物学的見地から人間を扱う研究領域は、それが本意ではないとしても、しばしばこうした「常識」＝言説をむしろ支える側に回ってきた。人が言語的・社会的（関係的）存在でもあり、生物学的還元主義から距離をとるべきことは共有される一方で、にもかかわらず生物学的条件を人間理解の根底・前提に置く基盤主義（basicalism）はしぶとく生き残る（Butler, 1990）。科学的な装いを持つ知見はエビデンスという響きをまとい、「決定」はせずともこれが「基盤」なのだとささやいて、現状の肯定に知らずと手を貸す。

神経科学や心理学、そして人文社会科学の多領域に広がる情動／感情への着目は、近代的な人間観のもとで理性（reason）や精神（mind）とは分断され語られてきた身体を呼び戻しながら、人間と世界の理解を拡げる可能性を持っている。とはいえそこは、注意深さと省察を要するポリティカルなフィールドでもある。本章では、リスクも含めたこの両義性を豊かさとして受け取りつつ、人文社会科学という領野に広がるナラティヴ・プラクティスと情動の風景に、異なるいくつかの角度から光を当ててみたい。

感情と情動——ナラティヴ・プラクティスの更新

背景と言葉——感情／情動をめぐる二つの転回

神経科学——感情（emotion）へのシフト

二〇〇〇年代に入りさまざまな研究ジャンルにおいてはっきりし始めた情動／感情への傾斜は、それぞれに固有個別の契機や進展として理解すべき道筋を持っている。その全体像を捉えることは手に余るものの、複線的なこの流れをひとまず二つに分けて押さえることは役に立つだろう。その一つは、神経科学とそこに連動する心理学における「認知から感情（emotion）へ」という関心の転換であり、もう一方は、人文社会科学の中で「情動論的転回（affective turn）」と呼ばれた一連の動向である。

神経科学において感情がどう焦点化され議論されてきたかについては第六章の魅力的な検討に譲るが、注目されるのは、これら領域のターゲットの切り替わりが技術的な進展と人間像の転換との撚り合わせの中で生まれてきたことだ。科学研究において実証しうるものが拡がった——見える（ように見える）ものが増えた——ことは、合理的理性的な人間とそれを支える知性的な大脳新皮質（高次脳）から、それまで研究対象としてはむしろ排除されてきた感情（emotion）とそこに関わる大脳辺縁系や脳幹といったより内側（低次脳）へのテーマ移行を促した。それは心理学に波及し、認知一辺倒から認知と感情の相互作用への関心を高めて、心理学においても「認知論的転回」に続く第二転回としての「情動論的転回」を引き起こす。

技術や装置といった条件は手段であることを超えて研究の方向性を導くとしても、他の研究領域や社会的状況との共鳴が脳／神経科学の目を近代的人間像のその次（ポスト）へと向けさせた側面もまた、ここにはあるように思う。人間に感情があることは誰もが知っていたが、研究を取り巻くより広い文脈の地殻変動があって、研究対象としての感情はようやく主役としての「登場」を許されたようだ。

情動論的転回（affective turn）と捻じれ

一方で、時期的にはこれと並行するように起こっていた人文社会科学における情動（affect）への着目にも、研究パラダイムの移行という外部環境が関わっている。ポスト構造主義や社会構成主義といった波を経たこれらのジャンルでは、自律的な近代的主体という幻想が影を薄めた。けれども、このとき生じた「言語」への偏り――後述するように、そこには誤解も含まれるのだが――は、「言語」という檻を破れないという閉塞の気分をもたらす。暴力や戦争から自然破壊に至るまでやむ気配のない身体への脅威の一方で、テクノロジーによる身体的拡散と溶解が進む世界にあって、これにどう対峙し、無力さを突き抜けられるだろう。そんな問いを含みつつ、言語の次に選ばれたものの一つが「情動

(affect)」である。

『情動論的転回（*The affective turn*）』の序文でハード（Hardt, in Clough, 2007）が述べるように、情動（affect）とはスピノザ・パースペクティヴによりながらも、行為と情熱、理性と感情の分断を乗り越えるためにいわば開拓的に導入された概念である。そこでは、人間が、他者はもとより自然や物質など多様なものから影響を受け、影響を与える（アフェクトし、アフェクトされる）という次元や様態、そうした関係性を折り込んだ身体という場がクローズアップされている。影響を与え合い、互いに動かされ、変容し合う、その強度や効果を問題にし、そこにあるリスクに備えつつも可能性を見出そうとする志向こそ、情動（affect）という言葉に手を伸ばす鍵なのだ。

情動（affect）が希望にのみ満ちたワードではないことは、そこが意識の手前／外での介入や操作の対象となる次元であるとの着眼や警告を行動経済学や社会学が研究テーマとしてきた経緯からも明らかだろう（Thaler & Sunstein, 2021; Massumi, 2021）。とはいえ、自然も含めた外部との影響過程を再発見し、言語の外部としてイメージに目を向けながら文化の枠を超えた人間理解に向かおうとする文化人類学の企みは、情動において人間を拡張しようとする挑戦にも見える（西井・箭内 2020）。

人文社会科学における情動論的転回は、感情を脳に由来させ、分類し、名づけようとする神経科学の動向から恩恵も受ける一方で、これに対しクリティカルな眼差しを向け返している（Wetherell, 2012）。神経科学がどのような社会的・文化的文脈のもとで推進され、かつこれらの文脈にどのような影響をもたらすのかを緻密に検証しようとするメタ作業も伴いながら（Choudhury & Slaby, 2012）、二つの転回は緩やかに捻じれつつ動きを続けている。

EMOTIONとAFFECT

ここで、少し言葉の整理をする必要があることに気づかれる方も多いだろう。『ナラティヴと情動』と題される本書が扱おうとしている、より包括的で全体的な概念は、おそらくエモーション（emotion――神経科学、心理学ではしばしば「情動」と訳され、affect――情動を議論に導入した人文社会科学系ジャンルでは「感情」と訳されることが多い）という言葉で広義に捉えるのが妥当である。エモーション（emotion）には、生理的覚醒を伴う身体的変状の次元から、社会的・文化的な通路において広義の言語（言葉はもとより表情や眼差し、ひいては行為）で遂行され経験となる次元までを緩やかに含めることが可能であり、本書はその総体をひとまず視界に入れている。

神経科学やそれに連なる心理学においては、そもそも身体的徴候とその機能（的結果）が焦点であり、そのプロセスをエモーション（emotion）として捉えることで充足するために、ここからアフェクト（affect）を仕分ける必要があまりないようにも見える。神経科学では、身体的徴候・変状を整理分類し人間一般に当てはまるラベルをつけることに主眼があり、感情的（emotional）な事態が、個別具体的な人間においてて実際にどう「語られ」「経験される」か――どう社会文化的に構築され、一定の状態として持続するか――に関心を寄せる人文社会科学との間には、常に一定の距離がある。

そうした中で、すでに見たように人文社会科学においては、人間同士はもとより、それを超えた自然や物質（例えば、進化し続けるテクノロジー）との間での相互影響への関心を、情動理論（affect theory）として展開しようとしている。ここでは、感情的（emotional）プロセスにおける言語・意識・身体がいかなる契機や場であるかが論点となり、言語の手前／外部という仮定的領域をターゲット化する意図からも、アフェクト（affect）という用語は自覚的に使用されている。

加えて言えば、このジャンルにおけるエモーション（emotion）への接近は、それ（エモーション）がいかに社会文化政治的に構築され、経験され、操作的に使用されているかという「感情社会学（sociology of emotion）」の系譜をすでに有してもいるために（本章二一〇─二一一頁参照）、アフェクト──affect（情動）とエモーション──emotion（感情）の使い分けはやはり少なからず重要だと言えるだろう。例えば、ネグリとハートが「感情労働（emotional labor）」をあえて言葉を変えて「情動労働（affective labor）」と呼ぶとき、そこには人間が自覚しえない潜在性を狙って介入する権力への警鐘が込められているのは言うまでもない（Negri & Hardt, 2001）。

以上のように重層的でいくぶん捻じれた背景を持つ情動／感情研究は、ナラティヴ・プラクティスにも多様な角度から影響を与え、再考を迫る。とはいえ、その揺らぎからは、ナラティヴ・セラピーが内包してきたにもかかわらず自覚的ではなかった世界も見えてくる。ナラティヴ・プラクティスは情動とどう出会い、何を問われ、いかなる応答を待たれているのだろうか。

活動としてのナラティヴ・プラクティス——常にすでにそこにある感情

リスクとなる感情

第一部のデンボロウ論考が十分に検討し懸念を表明しているように、神経科学的な見地から扱われる感情とナラティヴ・セラピーを接続することにはリスクがある。出自と成り立ちを振り返れば、困難や苦悩の源泉を「人間の内側」に求めようとする心理的・文化的概念から離れ、問題を個人に帰責する近代的権力のありように対抗しながら、それまでとは違った現実を切り拓こうとするのがナラティヴ・セラピーだった。神経科学とナラティヴ・セラピーが手を取り合うことは、そのスタンスをゆるがす。両者の結びつきは、ナラティヴ・プラクティスが離れようとしてきた「発達心理学、サイバネティクス、愛着理論、精神力動論を再び招き寄せ」、「西洋的個人主義を維持し再生産するイデオロギーとしての神経文化言説」（第一部一四頁）に乗り上げると同時に、結果的に、問題をめぐる社会政治的次元への目を閉ざすことに力を貸してしまうからだ（第一部二三頁）。

第六章において論じられているように、神経科学は決して頑迷な決定論を志向するものではない。むしろ、居所論／局在論とは距離を置いた開放系の議論がそこでは展開されている。だが、人間一般に共通するものとしての生物学的次元を扱おうとする神経科学の説明は、身体が土台であり前提であるという傾きをはらんで伝わり、社会や言語は「その上で」展開するバリエーションにすぎないという印象をもたらす。神経科学が解明していく生物学的事象は現にあり、それに意味がないというのではない。問題なのは、それが「基盤」だという声は、何が正統かを指示する規範としても作用してしまうということである。感情自体がリスクなのではなく、そうした省察を欠いた状態でナラティヴ・プラクティスと感情をつなぐことがリスキーなのだ。

言語という身体／身体という言語

神経科学をナラティヴ・セラピーに熱心に取り入れてきたボードインやジマーマンは、ナラティヴ・セラピーがこれまで感情（emotion）やその場としての身体を軽視し十分に扱ってこなかったと主張する（Beaudoin & Zimmerman, 2011; Beaudoin & Duvall, 2017; Zimmerman, 2018）。よりフラットな立場を保ちつつ神経科学との単純な併合を超えてウェザレルの企図した「情動論——言説的転回（affective-discursive turn）」を発展させようとするモンクとザマーニもまた、ナラティヴ・セラピーの文脈が語られた言葉や書かれたテクストに比べて感情を周辺化してきたことは否めないと言及する（Monk & Zamani, 2019）。

これに対しデンボロウは、ナラティヴ・プラクティスが決して感情を排除していないことを、ホワイトが「涙」する場面や、エモーショナルな喚起も含めた共鳴的協働実践を例に引きながら立証するように記述している（第一部三二－四〇頁）。もちろんこれらは、いずれも振り返るべき出来事や実践として重要である。ただ、それ以上に必要なのは、ナラティヴ・プラクティスとその背後にある社会構成主義（social constructionism）において、「言語」や「ナラティヴ」は単なる言葉を超え、「行為

(act/action)」の次元、より正確に言えば「相互行為（interaction）」あるいは「活動（activity）」を映し込んでいることの再認識である。

〈言葉が現実を作る〉と簡略化されて誤解を招きがちな社会構成主義は、言語的相互行為において社会的に現実が構築されるとする認識論的立場である。バーが目配りよく整理するように社会構成主義にもバリエーションはあるものの（Burr, 2015）、家族療法やナラティヴ・セラピーとの交流が深いガーゲンらの立場においては、意味をめぐる行為の相互性と反復（としての関係性）こそが社会構成主義における「言語による構築」の前提であり含意である（Gergen, 1994）。言うまでもなく行為は身体において別なる身体を持つ他者に開かれてなされ、だとすればそこには何らかの感情が「ある」はずなのだ。社会構成主義をウィトゲンシュタインやバフチンの側から補強しパワフルな理論展開を繰り広げたショッターは、そうした身体的な次元での知の生成を「第三種の知（knowing of the third kind）」と呼びつつ、早い段階から社会構成主義の内側で身体や感情を議論してきた（Shotter, 1993, 2007）。ウィトゲンシュタインやショッターを自身の思索と実践の支えとしてきたアンデルセンは、こうした意味での「言語」について次のようにわかりやすく語る。

言語というものはあらゆる種類の表現を含んでおり、語られた言葉はその多くの表現のうちのひとつにすぎないということだ。踊ることは言語の一部だ。叫ぶことも、叩くことも、絵を描くことも、文章を書くことも、スープを作ることも、すべてが、僕の定義では言語の一部だ。ほかにもたくさんの表現があるが、それらに共通しているのは、言語が肉体的な身体活動だということだ。（Malinen et al., 2011／訳書七五頁）

「問題＝物質《マター》となる身体（bodies that matter）」というタイトルでバトラーが射程に置くのも、言語の関与を免れる物質であるかに身体が語られることの誤りである。言語と分かたれる身体はなく、身体もまた言語であること、それゆえに／にもかかわらず、身体たるわたしたちの行為性（agency）がその言語＝現実をズレて凌駕しうることに希望を託し、「構築とは決定ではない」ことをバトラーは粘り強く確認する（Butler, 1993）。「行為（act）」への照準と「行為遂行性（performativity）」という着眼において社会構成主義の視界をクリアにし、世界の変更可能性を手中にするために、身体は明確に招き入れるべきマターなのだ。

　社会構成主義が内包するこうした奥行きを考えるとき、「言語のみの社会構成主義」（Mussumi, 2002/2021）に身体を呼び戻すことで前進するという情動論的転回の目論見は、いささか単純にすぎると指摘したくもなる。だが、それによってこの転回の意義が消えるわけではないだろう。誰もが〈感じ〉ていながら明示的に捉えられてこなかった、相互行為や関係性における強度（intense）としての情動を俎上に載せ、人間同士という枠を超えた影響過程という視界にまでつないだのは、ここで起こった強調点の移動——身体性への再・着目——だったからである。[1]

行為としての語り（narrative/telling）

思い返せば「ナラティヴ（narrative）」もまた、産物としての「物語（story）」が「語り（telling）」という行為と切り離せないことを体現する言葉だった。ある声や眼差しや体勢で――文字通り身体をもって――聴く他者を前にして語ることは、その一回性や現場性から感情と呼びうる何かを切り離せない相互行為である。仮に感情がトピックスとして焦点化されなくても、あらゆるナラティヴ・プラクティスは身体をもって感情と共に、現にすでに成り立っている。何より想起すべきはこの事実だろう。

ホワイトが感情をそれ以外の「言語や行為や文化から切り離すことを拒否」したのは、すでに見たように、ナラティヴ・セラピーが離れようとした心理・文化的背景に顕著な感情の「特権化」、中でもその「無意識の感情」に先に近づきうるかの専門知と専門家支配に対する警戒だった（第一部三一頁）。それを別格なものとして取り上げ、特段の注意を向けることが仮になかったとしても、感情というものがそこにないナラティヴ・プラクティスなどありえない。

とはいえ、ここでもう一度立ち止まり、あらためて考えてみなければならないことがある。ナラティヴ・プラクティスは、これまで本当に感情を「扱ってこなかった」のだろうか？

感情の探求／情動の場としてのナラティヴ・プラクティス

感情という文脈をたどること／に結びつけること

ナラティヴ・セラピーが感情に重きを置かないという理解は、なぜだか一様に前提とされてきた。その背景には、セラピストの側が感情に「注目」し、「表出」を促し「同定」し「洞察」する、あるいは「共感」し「受容」するといったプロセスこそ、感情の扱い方であるという含みがあるのかもしれない。その前提を外しさえすれば、会話における感情への関わり方は多様なものへと開かれる。実際にナラティヴ・プラクティスは、感情をめぐる文脈をたどる、あるいは結びつけるという形でこれを扱ってきた。ホワイトやエプストンの逐語録や実践の様子を振り返れば、感情が至るところで姿を見せていることに容易に気づく。

例えば『ナラティヴ実践地図』の中で紹介される「再著述する会話」には、次のようなやりとりがある（M. White, 2007／訳書九五頁）。

M　自分を信じる行為の結果として、それがあなたを、自分にとって大切な人たちと再び結び付けたということがあるわけですね。こういった展開を、あなたはどう感じますか？

ヴィヴィアン　私に言えるのは、もちろん自分はうれしいということね。

M　なぜうれしいのか、少し話してくれませんか？　なぜこのことがあなたにとって大切なのか私が理解するのに役立つことなら、どんなことでもいいんだけど。

ヴィヴィアン　私は特にあまりにも長いあいだ別の世界にいたから、あなたにはちょっと変に聞こえるかもしれないけれど、でも、自分が実は、人付き合いのいい人間なんだって思うの。本当によ。

M　人付き合いのいい人ね。教えてほしいのですが、人付き合いのいい人にとって重要なのはどんなこと？

ヴィヴィアン　そうね、えっと……

あるいは、リ・メンバリング実践を紹介した論考「もう一度こんにちわと言う」にも、六年前に夫と死別し自らの問題を「未解決の喪失」と称して面談に現れた女性マリーとの次のような場面が紹介されている。（M. White, 1988／訳書一一二－一一三頁）

続けて私は、彼女に訊ねた。ロンにこんにちわと言う実験に興味があるかどうか、それとも、そんな実験をするには彼は深く埋められ過ぎていると思うか、と。マリーは泣きだしたが、それは絶望からくるものではなく、穏やかな泣き方だった。私は黙っていた。一〇分か十五分だっただろうか、彼女が突然こう言った。「そうね、彼は私のなかに深く埋められ過ぎたのよ」。彼女は微笑み、そして「あの人を少し掘り出す」のもいいかもしれないと言った。

論考ではこの後に続くホワイトの質問がいくつも列記されているが、そこにはこのようなものが含まれる。

「もし、あなたがたった今、ロンの目であなた自身を見るなら、あなたが評価できる自分自身というものについてどんなことに気づくでしょう?」

「過去六年間、あなたには見えなかった事柄に気づくことで、あなたは自分の人生にどのように介入していくのでしょう?」

ナラティヴ・セラピーの中で感情は動いているが(そもそも感情のない対人状況など想定できないという以上に)、こうしたわずかな例示からも、その探求の進み方にはナラティヴ・プラクティスの志向性やスタンスが反映することもまた伝わるだろう。ナラティヴ・セラピーにおいて感情は、他と切り離されて「受容」や「洞察」の対象となったり、「悲嘆に伴う怒りや抑うつ」といったラベル的説明を付されて「解釈」されたりはしないが、丁寧に遇されている。

むしろ感情は、アイデンティティや価値など、オルタナティヴなストーリーを模索し厚くするものに連なる大切な要素として、人間の全体性の一部として、文脈の中で理解されるべきものとして、尊重されている。人々に敬意を払うことに何より重きを置くナラティヴ・プラクティスにおいては、感情もまた敬意の対象である。トラウマティックな出来事をめぐる感情の想起について慎重さを繰り返し訴えることにもまた、ナラティヴ・プラクティスのそうした姿勢は反映している（M. White, 2005）。

アフェクトし合う場としてのナラティヴ・プラクティス

最後に、少しだけ飛躍した視点を置いて本節を閉じたい。ここまで見てきたように、人文社会科学における情動論的転回は、人間が身体というインターフェイスを媒介に、他者をはじめとする外部と出会う中で影響し、影響され、共に変状／変動する事態や局面への関心を情動（affect）という次元／領域に託そうとするものだった。ウェザレルは、そうした情動研究が神経科学や心理学に引き寄せられすぎる懸念のみならず、「情動の神秘化」に陥ることへの危惧を表明し、「情動実践（affective practice）」の一連の過程をより具体的に検討すべき必要性を訴えている（Wethellel, 2014）。確かに、脳や神経に還元しきらずに、それが〈何か〉を問う探求は、まだ端緒についてばかりである。

セラピーや相談といった言葉を中心に置くものから、ケアワークや医療といった身体がより前景化するものまでを含め、いずれにせよ身体と身体が出会う対人支援の臨床的状況は、情動という観点から捉え返されるべき場や関係性の最たるものの一つだろう。例えばその身体と身体の間に生じていることを、相性がよい、うまが合う、しっくりこない、そりが合わないなど、さまざまな感触と言い方で体感し、現に動かされていることをわたしたちは知っている。にもかかわらず、それが何であるかは未だほとんど知られてはいない。

ナラティヴ・プラクティスという状況もまた、感情（emotion）ではなく情動（affect）というレンズで見直されたとき、その実践の意図とは少し異なる相貌を持ちうる。人々の中心化を志向し、誘導し操作する専門家であることから徹底して離れようとするナラティヴ・プラクティスは、一方で共に生きる世界の「脱構築」を視野に入れたラディカルな協働でもある。会話の中で――再度繰り返すなら、それは身体と身体が行為し合う状況である――物語としての現実が動くということは、双方の身体性において変状的な場がそこにあることを実は意味している。感情を重視しないとされたいわば「クール」なこのセラピーが、影響を与え動かし合う強度という観点から見れば、仮にエモーショナルではないとしても、アフェクティヴ（情動的）な光景を立ち上げている可能性に目を向けないわけにはいかないはずなのだ。

例えばナラティヴ・セラピーにおいてテクニカルな印象で受け取られることの多い「外在化する質問」は、「人も人間関係も問題ではない。むしろ、問題が問題となる」（M. White & Epston, 1990／訳書五五頁）という、聴き手の信念に裏打ちされた「行為」である。「外在化」という語り方への人々の取り組みは、そうした姿勢を持つ他者という存在にアフォードされて、そのある種の熱意や誘いのような身体的強度に、人が強度をもって応えることにおいて初めて成り立つ。

言うまでもなくそれは、脅威となって人を動かすような強度ではない。「あなたが問題なのではない」と強く告げる身体は、自責や自己非難のうちに苦悩する人々をある意味で瞬時に「ケア」する。身体は「ケア」されて初めて、馴染んだ語り方を外れて、次の場所に向かうことができる。そして、眼差しをこちらに向け返して語り始めようとするその身体に、聴く者も強く動かされ、次の質問がまた生まれる。

身体と身体との動かされ合いにおいて成立するこうした事態を、あらゆる臨床的状況に通底させ問い返すことは、おそらく妥当であり必要である。ただ、ナラティヴ・セラピーを情動において見る可能性に歩を進めたばかりの今ここでは、次のように言うにとどめよう。

ホワイトの、時に理解するのに苦労するような複雑な質問に、人々はなぜ顔を上げ、それに向き合い、応答するのだろう。そこには質問の言葉内容（contents）の「意外さ」に「驚く」身体をも含め、身体として存在する二人の人間の強度が関わっている。行為遂行性においてナラティヴを捉えるべきこと、文脈（context）として情動を見直すべきこと、それらが再考を待たれている。そして何より、ナラティヴ・プラクティスはアフェクティヴ・フィールド（情動的な場）としても探求されてよい――そこに向かう好奇心は、強度をもってわたしたちを動かす。

感情を探索する――認証のナラティヴ・プラクティス

感情社会学という系譜

情動（affect）というタームがポスト言語的動向の中で半ば戦略的に採用されたのに対し、感情

(emotion) をめぐる議論がいくぶん錯綜するのは、この言葉が何を指し示すのか、その対象が広範で拡散的なことにも由来している。例えば、人前で罵倒されたとき咄嗟に起こる反応――顔が紅潮し動悸が早まりつつ生じている、怒りなのか屈辱感なのか、あるいは羞恥心も含むのかもしれない「それ」――のような瞬間的事態が感情として理解される一方、子どもへの愛情や同僚への嫉妬心といったように、持続的な状態もまた感情と見なされる。前者が生理学的な説明と相性のよい「現象」に見えるのに対し、後者は、社会や文化をはじめ多層的文脈を抜いて語ることのできない「経験」だという見方もできる。

ナラティヴ・プラクティスが、社会構成主義を前提とするがゆえに言語に偏り身体や感情を軽視してきたという批判を受けつつも、その実践から身体や感情を抜き去ることもまた「非現実的」なのは、本章のはじめの節で見た通りである。

他方ここでもう一つ確認すべきは、当の感情についてまさに社会構成主義の立場から迫ることも含んだ「感情社会学 (sociology of emotion)」の系譜である (Bericat, 2015)。ホックシールドらが展開したのは、「感情」が生理的なものの発露ではなく、社会文化的に作り出される「構築物」としての経験なのだという主張だった (Hochschild, 1983)。一九七〇年代中頃から動きだすその構築主義的感情理解に対し、感情には生理過程として普遍的な基底部分があり、社会文化的過程は表層的周辺的であると主張した社会学者はケンパーである (Kemper, 1981)。だが、その論争も、人々の感情から社会性を排除することはできないという共通認識において、それぞれの立場をグラデーションの中に落とし込んだ感がある（Kemper, 1990）。

ウィトゲンシュタイン派のエスノメソドロジストであるクルターは、こうした生理か社会かという二元化の軸において、社会構成主義は心理学や認知科学に与するような感情の理論化からはあえて距離を置くべきだという立ち位置を早くから表明していた（Coulter, 1979）。生理（や心理／認知）と社会を統合する感情のグランド・セオリーは言うまでもなく魅力的である。だが、いかなる理論化も、そこに参与する人々の意図や動機や目的を排除した無垢なものではありえない、という再び社会構成主義的な視点に立ち返るなら、どの立場からそれを見るのかを鮮明にしつつ、限定的なレンズを向けて世界を写すことは排除されなくてもよい。

感情への接近においてデンジンも、そこに何らかの普遍的で共通のプロセスを見出そうとすることには最初から懐疑的だった（Denzin, 1984）。彼の感情をめぐる仕事は、その後のエリスらとの協調においてオートエスノグラフィーという形でさらに発展しつつ質的研究に貢献する（Denzin, 2013, 2018）。整理・分類して説明することから潔く離れ、感情をどこまでも個人的な経験として徹底的に記述することを通じて社会を照射するという研究姿勢は、彼の中でどこまでも自覚的に貫かれている。

とはいえ感情社会学の系譜は、社会文化的な文脈に制約され感情を管理する個人という像を強調しすぎた面もある。ここまで見てきたように情動（affect）という切り口は、そうした感情に収まりきらないものへの視座を含んで展開してきた。グランド・ナラティヴに従属化され価値を奪われたり、そこからはみ出してしまうような経験の復権と再著述をナラティヴ・プラクティスが志向するとき、感情経験の探求において情動はどこまで有効なキータームになりうるだろうか。

生成する感情経験

『母親になって後悔してる』（Donath, 2016）の翻訳が刊行され、日本でも大きな反響を呼んだのは二〇二二年のことである。[2] 原著が二〇一六年ドイツで公刊され、翌年に英訳版になった際も、欧米では#regrettingmotherhoodのハッシュタグつき投稿がTwitter上で拡散され話題になったという。この注目と拡がりには、母親であることを後悔する人が現にいると明らかになったことへの共感なり反発はもとより、この社会の中には、語られない、語ることを封じられてしまう感情があるいうことへの気づきが大きく関わっている。

「子育てのやりがいや楽しさ」「親になることで自分自身も成長したという実感」――こうしたポジティヴな感情を語るのは比較的たやすいことである。「子育てには苦労もあるが、子どもへの愛情は何にも勝る」「やりたいことを手放した無念もあるが、子どもとの時間は代えがたい」といった、経験を最終的には肯定的に包摂する葛藤や両価的な感情も、表明を許される。それらはいずれも、養育をめぐって推奨されたり許されたりする「感情の規則」（Hochschild, 1983）を逸脱せず、社会が期待する母親像を裏切らない感情だからだ。

だが、この書籍のベースとなったインタビュー調査が画期的なのは、そうしたいわば社会的許容範囲を超えて母親であることに対し「後悔」を抱く人たち――「現在の知識を保った状態で過去に戻った場合、また母親になることを望むか」という問いに明確に否定の返答をした二十三人の女性——の、子育て経験とそれにまつわる感情に注目したことだ。そのような問い方をされなければ存在が明瞭にならなかった経験や感情、表明されがたかったそれらを探求するという意味で、この調査プロジェクトは研究活動であると同時にナラティヴ・プラクティスとも呼びたくなるチャレンジングなものである。

インタビューの中で浮き彫りにされるのは、「後悔」が現に存在する子どもたちへの愛情の欠如を意味しないのはもとより、職業生活との兼ね合いや子育てへの社会的支援の不足といった周辺事情がその感情に関わっているとは限らない、という事実だ。キャリアが損なわれることなく子育てに十分なサポートが得られたとしても、母親であること自体が自分自身にそぐわないと感じる女性たちがいるという知見がこの調査結果の一つの焦点である。こうした声が封じられてきたのは、子どもを産むという事象を通過したなら以後に続く経験に幸福感を感じるのが「正常」な女性であるという強固な社会規範があるからだとドーナトは分析する。

輪郭の不明瞭な苛立ちや漠然と内側に響く不協和音、そうした感情になりきらない身体的とも言える違和感を情動と呼べるのかどうか確信はない。ただ、安全を守られつつ問われることを通してようやく「それ」は感情になり、言葉を重ねる中でその感情自体がさらに解き明かされて体感は——あるいは体験は——経験となる。「意識」され「表明」される感情は、社会規範による制御や相互的拘束の形式としての「感情の規則」において成り立つ公的な現象であることを「感情社会学」はすでに論じてきた。けれども、そうした「公的現象」としての感情の前後左右には、未だ経験となっていないにもかかわらず現に生きられている何かがあり、感情という経験になるのを待っているかもしれない。そのゆらめきはエージェンシーの証跡であり、「見たことのない風景」「次の場所」への手がかりであり動因でもある。ナラティヴ・プラクティスは、おそらくそこに深く関心を寄せている。

〈母親であること〉の証言プロジェクト

ナラティヴ・セラピーは、社会にいきわたる「規格化する判断」のもとで脇に追いやられ価値を奪われる語り方や経験、すなわち「従属的ストーリー（subjugated/subordinate story）」を復興することに力を注ごうとする。感情もまた経験であるとするなら、感じることから遠ざけられ、黙すように仕向けられたそれに目を向け、認証し（acknowledge）、共有やアーカイヴ化を図ることは、重要なナラティヴ・プラクティスとなるだろう。実際に、そうした「証言プロジェクト（testimony project）」は、ナラティヴ・プラクティスの取り組みとして活発に展開されてもいる。[3] こうしたナラティヴ・スタンスに立ち書籍『母親になって後悔してる』を契機に始動したのが、「〈母親であること〉の証言プロジェクト」である。

この本が注目されたことで押し拡がるように聞こえてくるのは、インタビューで語られたのと同様の「後悔」の声だけではない。むしろ、「母親であること」について、現に存在するにもかかわらず十分に語られてこなかった経験や感情とは何なのか、それを再び見晴らそうとする志向が、ここからは生まれた。「母親であること」において、わたしたちの身体は動かされている。そこにはまだ語られていない領域がある。それは、何なのか。

「母親であること」が豊かな経験だとするなら、そこには単調に括られることのない感情が存在するはずだ。感じることから遠ざけられ、語られないまま消えかけた感情を、繊細な情動の次元に降りながら掘り起こすことは、語る人の人生の奥行きを深めるだけでなく、光と共に影を通して親業という世界の意味を厚くするだろう。「母親であること」の経験とそこにある感情を探求し認証するこの活動は、ナラティヴ・プラクティスが経験を重ねてきた「定義的祝祭[4]（definitional ceremony）」という形で実践される（M. White, 2007）。

「アウトサイダーウィットネス（外部の証人）として注意深く選ばれた聴衆の前で、自分たちの人生物語を語ったり上演したりする機会を人々に提供する」（M. White, 2007, p.152）定義的祝祭は、社会の期待とは異なるがゆえに従属化されてきたストーリーラインを救い出すために、外部の証人が重要なのだと強調されている。「〈母親であること〉の証言プロジェクト[5]」においては聴衆もまた母親たちだが、その語り直しにおいて求められるのは、共感ではなく共鳴である。母親であることの経験を一つのものに収斂させまとめ上げるのではなく、共有しつつも、そこで語られる感情の多様さをそのままに保つことが大事にされる。共感によって感情が承認されるのではなく、感情を含めた語りと人生がそのまま認証され、共鳴においてさらに多声化することを、この場は求めている。

このプロジェクトは動き始めたばかりだが、聴衆となった一人の言葉を最後に記そう。

今彼女が語ったその言葉、それもあるんだ、それを感じていいんだということ。聴いていて、体の内側を涙が流れるような——温かい雨が降るような感じがしました。硬く乾いた、ひび割れた土地に、雨が降り、その土を柔らかくするような。ほぐれて温かくなったその場所、何かがまだ眠っているようなその場所が、私の中にもあるような気がします。

ナラティヴと情動の風景

ロスコの赤

世界中にいくつもあるわけではない「ロスコルーム」の一つが、千葉県佐倉市のＤＩＣ川村美術館にある。変形七角形に作られた部屋の壁面それぞれにマーク・ロスコ作品が配置され、天井の外縁から薄く漏れる光だけがひんやりと満ちる静穏な空間だ。その七枚の抽象画は、すべて赤を基調としている。それらは異なりつつ連なり、一枚ごとの強度と共に、揺れとリズムを持つ全体となってうねるように佇む人を包む。

赤という色は七八〇ナノメートルという波長の光を反射する。その光は網膜に当たってＲＧＢの電気信号に変換され、脳の視床下部を経て最終的には視覚野に届き、人は「赤」を知覚する。電気信号が視床下部を通過するとき、赤の場合はアドレナリンが分泌され、血流が促進されることがわかっている。それは遺伝子のレベルでここまでたどり着いたヒトという存在に、共通する生理的反応なのだという。

そのようにして赤は強度をもって身体を変状させ、情動を生む。ただ、わたしはすでに赤という言葉を、したがって概念を、これまでの時間と記憶によって錬成されたイメージを持っている。情熱。興奮。女の子。薔薇。鳥居。フェラーリ。郵便ポスト。わたしは「赤」によって確かに動かされるが、どこからどこまでが電気信号による直截な反応で、どこからどこまでが言葉と時間による作用なのか、それを仕分けることは難しい。少なくとも赤をめぐる言葉——言説——を抜き取って、赤を見ること、反応することはできないとわかる。情報処理のエネルギーを縮減し、ほどよく効率化せずには生存できない人間に与えられている脳と言語という機制は、現にそこにある。

けれども、にもかかわらず、優れた芸術は言葉の外に人を連れ出す。ロスコルームで体感されたのは、そういうことだ。ロスコの絵に包まれたとき訪れたのは、「赤が消える」という沈静の感覚だった。赤という概念は緩み、イメージがはみ出す。そうしたズレ、余剰、超越の可能性は、身体という舞台と切り離せないものとして起こる。このとき経験したことのない射角で身体を移動させる「それ」を、情動として眺めたい気もする。

主体があって何かを感じるのではなく、「主体はその感受において主体である」（Whitehead, 1929／訳書三二五頁）ところの、感受において刷新され創生するような時空がある。絵画や音楽やダンスや演劇に触れることの中に、それがあるだけではない。感受があらゆることに先立ち、動かし、わたしたちを存在させるというそのありようは、実は、人と人とが言葉と身体によって存在し合う場において、さまざまに刻々と生起している。語ることと物語の――すなわちナラティヴの――場には、ほとんどアートフルと言いたくなるような、「動かされ」の景色があるようなのだ。

生きたはずの人生

ある俳優が自ら制作・監督を務め、認知症になった実母のドキュメンタリー映画を撮影した。[6] 認知症が深まるにつれ母親は、「自分は女優だった」と口にするようになった。虚言というには気が引けるリアルな語り口に突き動かされるように、実際に女優である娘はカメラを回し始める。カチンコが鳴るや目に生気を取り戻し、顔を幾ばくか紅潮させ、「女優としての」これまでの人生を縷々語る母の姿は毅然として美しい。彼女は、まぎれもなく俳優として今そこに存在している――撮る行為と撮られる経験が静かに重なりつつ「記憶」が反転し合うこのドキュメンタリーは魅力的な作品だが、映された出来事そのものには馴染みがある。

ある九十代の女性は、自分が女中奉公に出され十代のはじめからいかに苦労して生き抜いてきたかを、こと細かに教えてくれた。冬の早朝からのきつい水仕事、硬い土間の隅でとる漬物とみそ汁だけが菜の食事、縫い物が遅いと定規で打たれて赤く腫れあがる手の甲。声を潜めてさらに言うには、布団部屋で男主人にはらまされた末に娘を死産、以来子を持つことのできぬ生涯だったというのだ。悲痛な人生ストーリーに引き込まれ放心していると、スタッフの一人がこっそり耳打ちしてくる。「女中物語、聞かされた?」。彼女は裕福な商家のお嬢さん育ちで、子どもには恵まれなかったものの、婚家でも不自由のない暮らしをしてきたという。女中を住まわせるような家に育ったかもしれないが、自らが女中であったことなどないのだ。

また別なある人は、海運業で世界中のあらゆる航路を知り尽くした若き日を得意げに語る。ヨーロッパの港町の光景と食べ物と女性たち。リアルな語り口の一方で、年代や仕事の細かい部分に及ぶと話のつじつまは奇妙に乱れる。認知症ゆえの記憶の誤作動かと思いきや、実はその経験は、そっくりそのまま四十代で亡くなった彼の兄の話だと後から知った。彼自身は、出生地である海のない県を一度も離れず、家族を持つこともなく、自動車部品の仕事を黙々と続けて生きてきた人だ。

こうして繰り広げられるセルフヒストリーが「嘘」や「妄想」で片づけがたい何かであることは、そこに身体を置いて聴いていればわかる、としか言いようがない。語るときの、まっすぐな眼差し、言い急いで口角にたまる唾、不意に力がこもる指先。語るという形で何度も反芻されて、彼女/彼たちは、その時間を、生きたはずの身体を、今ここでまぎれもなく生きている。

認知症の人々に感情は残るとこれまでも言われてきたが、記憶や判断といった認知機能と情動/感情の関係は、神経科学によって今後ますます精緻に解明されていくだろう。その到達を予感しつつも、認知症の人々から直に受け取る手触りは、かつて身体を貫いた強度としての情動、その情動の残光する気配である。そこにあるのは、うれしいとか悲しいとか、自覚的な渇望や後悔といった観念となる感情の手前で、かつて人々を動かしたかもしれない力である。

さして歳の違わない女中がいたとしたら、間近で凝視する少女の目にその姿はどう映っただろう。あまりに自分と違う境遇が、どのような強度で胸に迫り沈殿しただろう。恵まれた自分とは交わることのない別な女性の苛烈な人生。けれども、子を持つことのないままに家に匿われるように生きたもう一人の女の何かは、もしかすると一瞬その別な人生と交錯する。彼女が、わたしだったら。わたしが、彼女だったら。その情動の強度は、溶ける記憶の中で、わたしと彼女を入れ替える。

あるいは世界を飛び回る饒舌な兄の土産話は、土地にとどまる地道な日々に差す光のようだったかもしれない。驚きや誇らしさや憧憬、もとより嫉妬や後悔、そうはっきりした言葉になる前の、言葉にすることはむしろ耐えがたいゆえに黙するような場所での、身体を強く揺さぶる情動。だとすれば、彼は今、二重になった人生、生きなかったが生きたに等しいもう一つの時間を、語ることの中で生きている。そのように二重に生きることの中には、早くに亡くなった兄への、語りを通した追悼の気配も含まれる。

語り聴くという行為の折り合う時間の中で、その生きたかもしれない人生は、現に生きられている。いかに語るかがその人の人生なのだとナラティヴ・パースペクティヴが告げるとするなら、記憶の失調は物語の焦点を選び直すことを許す広角レンズのようなものだ。それを空虚だと謗れないのは、人々をかつて——今この時も——動かす情動の切実さに、向かい合うこちらの身体もまた、「本当」に動かされているからだ。

疾走する患者

「カルテには書くことのかなわない患者とわたしの物語を文章にする」——パラレルチャートと呼ばれるこのライティング活動に、医療ソーシャルワーカーたちと取り組んで十年になる。[7] 彼女／彼らの書く物語に一つとして同じものはない。ただ、これまで聴いてきた二百編ほどの文章には、いくつか共通するモチーフがないわけでもない。中でも脳裏に貼りつくのは、病院から出ていってしまう患者たちのストーリーだ。

ある男性医療ソーシャルワーカーは、まだ新人だったある日のことを書き記す。職場で倒れ入院した四十代後半の男性患者は、治療を中断していた腎臓病が悪化し透析治療は避けられないと告げられた日の翌朝、荷物を残し都内の病院を抜け出した。困惑しているスタッフのもとに患者から電話が入る。気がついたらここまできてしまった、というその場所は、病院からいくつもの交通機関を乗り継いでたどりついた隣県の外れである。「すみません」という言葉を残して電話は切れる。患者の妻とは連絡がとれない。迎えに行けと指令がくだる先は、当然のごとく新人ワーカーの彼だ。

乱暴に白衣をロッカーに戻し、病院前のバス停からＪＲ駅に向かう。ＪＲの駅をいくつか、そこから私鉄に変えて細かい線を何度も乗り継ぐ。流れる車窓の景色、車輌の細かい律動、人をかき分けて降りる階段。カルテの記載と聞き及んだ情報の断片がＢＧＭのように脳裏を流れる。患者と同じ行路をたどるという身体の移動が、彼の何かを起動する。子どもはいないと聞いた。透析をしながら今の仕事を続けるのは、確かに難題だ。一瞬見かけた横顔。声は思い出せない。次第に彼は、患者のことだけを考えている。早く患者のもとへと、身体が急く。

携帯に電話をかけると、患者は改札脇のベンチに座っていた。互いに無口なまま同じ回数の乗り換えを繰り返し、二人で病院に戻る。そこにいた患者の妻に託すように、初めて患者の左肘にそっと触れ押し出す。新人ワーカーの身体は疲れているが、夜間透析をしているクリニックを検索しないではいられない。リストにして明日渡そうとキーボードを叩く音は、遅くまで鳴り続く。

昔話だと言いつつソーシャルワーカーとしてキャリアの長い女性が書いた文章も、失踪した患者のことだった。一人で生計を立て年金生活に入ったところで、女性患者のがんは発覚した。進行してはいたが、治療の方法や可能性がないわけではない。この先の方針を話し合おうとすると、表情は消え言葉も重くなる。結論が日々変わり、真意がつかめない。患者が顔を上げ緊張を解いて語るのは、瀬戸内に面した故郷の話だ。高校までを過ごしたその場所とそこにいた素朴で温かい人たち。切り立った斜面に重く実る夏みかんを、関東のこの地で見かけることはなくなった。あの酸っぱいみかんを食べ続けていたら、こんなことにはならなかったかもしれない――

話を切り上げ、医師からの説明を再調整した午後、携帯電話など持たない患者は現金入りの封筒をベッドに残し、いなくなった。患者が消えたと知った瞬間、二人で交わした会話の地と図が反転するドミノ倒しのような感触がソーシャルワーカーを襲う。楽し気に繰り返し語られた故郷の話。患者はどうしたいかを語っていたのだ。奥歯がきしむような苦さを消せないのは、身体はそれをちゃんと知っていたのに、その自分の声すら無視したのが自分だとわかるからだ。患者はどうやって故郷に帰っていったのだろう。インターネットで検索しては、その道筋を想像し、たどるのをやめられなかった。飛行機ではないだろう。この港からフェリーで。あるいは、バスで橋を渡るのか。

最初はただ心配し、病身を案じた。だが、ソーシャルワーカーが描く像の中で、患者はむしろ活力を増すように見え始める。笑顔を増幅して、こちらに手を振るような白昼夢がよぎる困惑。検索も尽くして、無事を祈るほかないと折り合いをつけた頃、故郷だと言っていた町の公立病院から照会の電話があった。患者もそこにいた。電話を代わってもらうと、封筒に入れた金額が足りていたかばかりをしきりに気にしていた。

病院を出ていく患者たちの話は、なぜか憑りつくように、わたしの記憶にも残る。それは、身体の突然の空白によってもう一つの身体が共振するさまが、聴いているわたしの身体にも届いてしまうからだ。重みと温湿と気配を持った身体が失踪する、そのことがもたらす強い情動。疾走する身体は、もう一方の身体を実際にも、脳内においても、動かさずにはおかない。その動かされの強度の中で、いなくなった患者はむしろ強く存在するようになる。いないがゆえに、その人を強く思う。不在であるということが、その人の了解を可能にする。

医療機関において身体に手を当てることがかなわないソーシャルワーカーにとって、唯一の道具は言葉なのだと言われたりする。ただ、その言葉とは、こうして何より身体であると、繰り返し考えるべきなのだろう。そして、そのように身体が交感し合う次元において、ただ身体が動いているそのときに、彼女／彼らが何を感じているのか。「感情」となる寸前のそこに、名前はまだうまくつかない。

◆注

1　マッスミを起点に明確になった情動論的転回は、ポスト社会構成主義／ポスト・ポスト構造主義に向かうものだが、こうした志向性が社会構成主義自体に与えた影響にも留意が必要だろう。ショッターの仕事は一つの先駆だが、神経科学に対しクリティカルなスタンスを維持しながら社会構成主義に情動を組み込もうとしたウェザレル（Wetherell, 2012, 2014）や、これとは反対に神経科学的知見と言語を均等に扱うことに意欲を示したクロンビー（Cromby, 2004）など、主張は異なりつつも社会構成主義内部に生じた情動論的転回として理解ができる。ショッターが到達する「存在論的社会構成主義」という立ち位置も、ポスト・ポスト構造主義的な実在論・存在論への回帰に共鳴するところがあり（Shotter, 2012）、パラダイムシフトとパラダイム内シフトの併走という事態を確認することができる。

2　反響を受けて、日本ではＮＨＫが独自調査を重ねた上で、二〇二二年十二月に特集番組を放映した。www.nhk.or.jp/gendai/articles/4734/ 〝母親の後悔〟その向こうに何が――ＮＨＫクローズアップ現代全記録

3　ナラティヴ・セラピーの拠点であるダリッチ・センターでは、戦時暴力対応や避難民支援といった国際的課題から、自死対応やいじめ、男性性の問題といったものまで、多様な共同プロジェクト（collective project）が取り組まれており、証言プロジェクトもそうした一貫として位置づけられる。dulwichcentre.com.au/projects/

4　アンデルセンのリフレクティング・チーム（Andersen, 1991）から刺激を受けつつ、ユダヤ人高齢者がコミュニティの文脈の中で人生を語り上演するという文化人類学者マイヤホフの「定義的祝祭」（Myerhoff, 1992）に目をとめたホワイトは、以下の三段階からなるものをナラティヴ・プラクティスにおける定義的祝祭構造として

提示している。

①定義的祝祭の対象である人による、重要なライフストーリーの語り
②アウトサイダー・ウィットネスとして迎えられた人々によるストーリーの語り直し
③定義的祝祭の対象である人による、アウトサイダー・ウィットネスの語り直しについての語り直し

5 定義的祝祭の中で語られる「重要なライフストーリー」に対して外部の証人としての聴衆は、それを判断・評価したり、賞賛したりすることから距離を置くことが求められる。「共感」ではなく「共鳴」によって語りの複数性を保ち拡散的に認証するために、「語り直し」には以下のガイドラインも示されている。

①表現に焦点を当てること
②イメージに焦点を当てること
③個人的な共鳴（personal resonance）
④忘我／脱自（transport）

6 「女優 原田ヒサ子」www.haradahisako.com/（映画『女優 原田ヒサ子』公式サイト）

7 パラレルチャートとは、シャロンらが展開したナラティヴ・メディスンにおいて取り組まれる物語的記述（narrative writing）の一つである。「サポーターズ・ライティング・プロジェクト」「ナラティヴ・コンサルテーション・ネットワーク」などの活動を進める中で、トレーニング、コンサルテーション、支援者支援のプログラムとして二〇一三年よりこれを活用してきた。

第八章　ナラティヴからアフェクト変様態へ

森岡正芳

本章では心理学および心理療法の観点から、ナラティヴと情動に関わる論点を追ってみたい。

情動への処し方については文化が知恵を与えてくれる。現在に展開している多様な心理療法の源泉として、文化を探る試みから、治療文化という観点が浮上する（森岡 2020a, 2021）。これは、多様な臨床の場でひそかに行われていることを文化の観点から見直し、それまでは見えなかった心的世界と構造に接近するものである。その試みとしてかつて私は、「感情のセラピーの源泉」としてスピノザとヴィゴツキーを扱った小論に取り組んだことがある（森岡 2009）。十七世紀の思想家スピノザ（一六三二―一六七七）の『エチカ』（Spinoza, 1677）は、精神分析という方法と認識論のルーツとしても扱われてきた。スピノザの情動論との接点が見え、『欲望と情動——心理学者としてのスピノザ（*Desire and affect: Spinoza as a psychologist*）』（Yovel, 2000）といった書物がいくつか出版されているくらいである。

心理療法はセラピストとクライエントが実際に会って話すということを基本にしている。他者との会話が感情の自己調整を可能にしていくその基盤については、まだわからないことが多い。情動・アフェクト（affect）は、人と人、人と物との影響関係のことを指す。環境世界と私との間で起きていることを理解するのに、情動・アフェクトに注目することが欠かせない。スピノザは身体の変様から情動を定義する。人は情動に受身的に従属するのではなく、理性に導かれる自己認識をもとに、自己保存の力能、個物の本性的な傾向性、すなわちコナトゥス（conatus）とつなぐ道筋がセラピーの基盤であることを示した。セラピーにおいて他者の応答が不可欠なのは、コナトゥスが限定され、現実の力になることに関わっている。

本章では、ナラティヴ実践における情動論的転回の意味を、心理カウンセリングの場面から探求する。まず、ナラティヴ実践においてアフェクトを、心身の変様態の次元で捉えることとの前提について、臨床心理学において情動をどのように捉えてきたかを素描する。次に、カウンセリング面接での臨床挿話を挙げ、クライエントが想起する出来事と、その語りを通して納得感が喚起されるところに焦点を当てる。デンボロウ論文（Denborough, 2019）に関して小森は、ナラティヴが感情と意味を行為から切り離さず、感情と意味を結びつける働きを持つことに注目している。心理カウンセリングの場面で、アフェクト変様態が感受されるにあたって、心的緊張（tonus）の微細な変化が手がかりとなる。本章では、意味の行為の持つ実践性に立ち戻り、実践を遂行する基盤にある情動の体験、すなわち心身の変様態が、意味の行為にどのように伴っているかを検討したい。そこにあるが未だ形になっていないものを形にするという意味で、意味の行為はパフォーマンスである。ナラティヴ・プラクティスの基盤部分を探る試みである。

情動論的転回

一九八〇年代後半、医療、福祉心理、教育の実践との交差から、人間科学の諸領域において言語論的転回が図られ、特に、ナラティヴは、その中心的な観点となった。ナラティヴの観点とは、語り聴く行為の中で、語り手が自らに生じた出来事を選択配列し、そのストーリーをもとに体験の意味を伝える言葉の働きに焦点を当てるものである。当事者が体験をどのように表現するかに着目する。体験の意味は固定的なものではなく、意味の動きによって新たな現実が構成される。広い意味での解釈学的な営みとなる。この視点は、心理社会支援の多様な展開において注目を浴びてきた（森岡 2015）。クライエントの抱える現実、個をないがしろにされる時代性の中で、ナラティヴを中心とする言語論的転回は、医療、福祉、心理、教育ほか多くの領域にまたがる実践分野に新たな観点をもたらすものとして受け入れられた。権力関係や社会的文脈の中で生じる意味の動きが、そのつど異なった現実を作り、それに呼応して複数のアイデンティティが捉えられ確かめられる。このような自己観、人間観の変化を物語論的転回（narrative turn）は促進するものとなった。

そして今や、情動論的転回（affective turn）という時期を迎えた（Denborough, 2019; Zimmerman, 2018; Monk & Zamani, 2019; Wetherell, 2015）。アントニオ・ダマシオが、脳神経学的な基盤をもとに、人文社会科学の発想の転換を促進してきた。「情動論的転回」はここに端を発しているようだ。マイケル・ホワイトがその後期、ドゥルーズ（Deleuze, G.）によく言及し、その影響下にあって理論的な展開を見せた。アフェクト（affect）はドゥルーズの思想の根幹概念であり、『ニーチェと哲学』（Deleuze, 1962）以来一貫して、アフェクトの問題がその思想の根底にある。さらに背後には哲学および心理学の思想水脈が脈々と連なっている。いろいろな立場があるが、アフェクトを身体と精神ないし心の双方に関わるものとして捉えていることは共通している。アフェクトは、世界を触発し世界に触発される力と密接に結びついている。

これらの議論については、小森、岸本の論考に譲ることとして、さて、モンクとザミニ（Monk & Zamini, 2019）によるとナラティヴ・セラピーは、アフェクトを扱うことを避けてきた歴史がある。そして、情動の神経科学的基盤からの発想が、ナラティヴ実践とどのように接合するのか。これはなかなかチャレンジングな課題である。以上の課題に取り組むにあたって、その手前で検討しなければならない点がある。情動論的転回という大きな流れの中にナラティヴを置き、ナラティヴの再生をそこに賭けるということの企画に対して本論では、ナラティヴの形式と構造に立ち戻って、ナラティヴと情動の切り離せぬ関係について若干の検討を試みたい。

アフェクトをどのように捉えるか

アフェクトする・される

さて、人文社会科学全般の現況において、情動がなぜ注目されるのだろうか。

ある人の姿を見て胸がキュンとなる。そのとき、目指すその人の姿、顔かたちは空間の中から際立った輪郭をもって迫ってくるであろう。その人を囲む景色も色合いが変化する。アフェクトされるとはこういうことだろう。そしてこちらも実は相手にアフェクトしている。

情動・アフェクト（affect）は、人と人、人と物との影響関係のことを指す。環境世界と私との間で起きていることを理解するのに、情動・アフェクトに注目することが欠かせない。一方、情動は言語的に捉えがたい。データとしてデジタルコード化しにくい。そもそも対象化しにくい。なぜならば、アフェクトが動く世界は、観察する側もアフェクトされていて、その状態と状況を排して捉えようとすると、その瞬間アフェクトは変質してしまう。存在そのものが互いにアフェクトし合うからである。

情動の世界に接近するには、特定の手法では捉えがたい。情動論的転回が現代の諸科学で話題になるのは、根本的に方法論や観点を見直すことが迫られるからである。またそこに新たな可能性を見出しうる期待も含まれている。情動は心身の変様そのものである。そしてそれは環境との関係で常に変動する。人は自らを取り巻くさまざまな事物にアフェクト（情動・感化・触発）され、人はまたそれらにアフェクトする。人を世界との関係存在として捉える観点が諸科学の転回を促している。情動の変化プロセスは、神経科学的基盤を客観指標として把握しうる。それはしかし、限定的である。情動・アフェクトはその伝播性という特徴から、時間と空間の位置を特定できない。個体内にも環境世界にも局在化できないという性質のものである。そして認知的なものと情動的なものとは区分けできないような共通基盤がある。そういう意味で情動は、現実に含まれている潜性性、可能性を示すのではないか。このような問題が提起される。

存在そのものをアフェクトの相において捉えるにあたって、多種多様のアート媒体が導入されるのは必然である。音楽は何より情動を刺激しアフェクトの世界をその場に作り上げる。絵画造形、ドラマやダンスはすべて、人と人の間に感情の形（Langer, 1953）を作り出すものである。

制御しがたいアフェクト

アフェクトする・される関係といっても、当然のことながら、そんな調和的なものばかりではない。サイコセラピーや心理支援場面には、理不尽な制御しがたい情動に苦しみ、苛まれる人々が訪れる。例えば、怒りという情動に焦点を当ててみよう。怒りという情動は扱いに余る。怒りを覚える当人だけでなく、周りの人たち、その人を取り巻く環境そのものを怒りという情動の渦に巻き込む。怒りは、面に出さないで堪えると、自らを苛む方に転化する。怒りとのつき合いに人は皆、苦しんできた。怒りを触発する要因が何かということが、あらかじめわかっていても、いざその対処となると思うようにははかどらない。怒りは心の底に潜伏する。自然な感情の動きを封じ込め、内面に秘める。このアフェクトは現実の知覚を歪める。一方で自己感情が不確かで、現実感に乏しい。生きづらさの背景にそのような自己不確実感を抱えている人もいる。情動のコントロールこそ、心理療法の種々の技法を生む起点になったことは確かである。

情動は、暗黙的なものと明示的なものとを大きく分けることができる（Siegel, 2012）。明示的な情動は、意識的な覚醒を伴い、特定の時間、場所、文脈と関連する。一方、暗黙の情動は、意識の外で作用する。その強度によっては、記憶保持されず、混乱が長引く。その事態に適切なストーリーが与えられない。首尾一貫した理解に至ることがない。怒りという情動は明示的なものであっても、経験知で何とか処理することができればよいが、怒りを覚えたその場面よりも後になって怒りがさらにいや増すこともある。後味の悪い未処理の感情が残る。怒りへのやり過ごし方は誰もが苦労している。

情動は生物学的、神経科学的基盤があり、身体と緊密に結びついている。怒りの身体的反応は特に顕著である。怒りの瞬間、心拍数の急上昇、血管の収縮、顔面の硬直、目は吊り上がり、眉間のしわ、手足の震え、種々の内臓反応が伴う。怒りの情動は、身体の多くの部位が動く。このような身体の特異な反応を鎮めることで、自然と情動は収まるのだろうか。人はそれぞれ生活の中で工夫してきた。

かっとなったとき、頭を冷やすとはよく言ったものである。怒りは情動の中でも身体の変化が明確にキャッチされ、自覚される特徴がある。

情動は身体の変様でもある。もし怒りの身体反応を忠実に自らに作り出せば、それはそのまま怒りの情動となるだろうか。俳優たちの修業が参考になる。台本に描かれた場面とコンテクストを理解する。怒りが生じる場面を演じるとき、怒りの情動を俳優たちはどのように作り出すのだろうか。言葉と動作、ふるまいに即応して情動が伴っている。身体の変様をよく感受すると、怒りがふつふつわいてくる。言葉と行為が一体となった演技が実現するとき、そのアフェクトは観客を引き込む。心に生じていることは身体にも生じている、逆もしかりである。

しかし、その怒りは舞台が幕を閉じると、消えていく。そして、観客には怒りや恐怖といった強い情動が舞台で露に表現されても、幕と同時に人の真実に触れたという意味で、感動を覚える。浄化（カタルシス）の効果である。実生活ではそうはいかない。怒りの感情はずっと残ることがある。潜伏する。心ひそかにつぶやく言葉で人は何とか自分を支えて生きている。外からはそうと気がつかない。心の中でつぶやいている限り、その言葉がどのようなものであるかについては推しはかるしかない。

自己知につながる情動体験

情動を分類する。心理学でも基本情動を五つないし七つに分け、理論化している。怒りは種々ある情動の基本分類に必ず挙げられる主要な情動の一つである。心の動きを分類し、区分けするにあたって、仏教における心の分析は圧巻である。仏教では心は煩悩と執着の産物とし、最終的に行を通じて心の動きの鎮静を経て空に至ろうとする。煩悩は、十の大煩悩をはじめとして百八を数える。大煩悩の一つは怒り、瞋恚《しんい》である。「瞋恚の炎」という詞で、能楽の修羅物などで頻出する。

さらに、仏教各宗派で心の現象を捉える単位はより精密に細分化され、さまざまな解釈・分類を行った結果、煩悩の総数は八百十一まで数えられる（井上・葛西・加藤 2012）。心の探求に関わる執念を感じる。こんな細かいことを仏教徒たちはよく行ったものだ。それ自体が修行の一つだろう。言い換えると行の最中でも移ろいゆく心の定まりのなさに、修行僧も苦悩したということだ。そうやすやすとは制御できぬ想念の動きがいかに人を苦しめるかがわかる。

一方、分類という心の営みそのものが、煩悩を鎮め平静を取り戻すことにつながるのかもしれない。自分を苦しめる得体の知れぬ情動が、分類項目の一つに収まると、元の強度は変化する。情動に言葉が与えられるということであり、それによって、心の空間のどこかにある引き出しにしまっておくことができる。そして分類識別するという心の働きそのものも苦しみを生むので、最終的にはそこから離れる。

情動を水平的に分類するだけでなく、いくつかのレベルを設定し構造化するのが必要かもしれない。情動は一見、個体内（bodily）で生じるレベルのものと認識されやすい。しかし、自己が現実と接触するときに触発されるのが情動である。コロナ禍という新たな環境に否が応でも引きずりこまれた私たちの直面する現実、そこに接触したときに生じる情動、例えば、恐れと不安、他者への忌避感情は直接的である。これは人々の間で浸透し、感染してくるという意味で、前個人的（pre-personal）レベルの情動である。

一方、情動は文化的な影響を受け、人々の間で、文脈の中で、ある情動体験として名づけられる。情動が体験として構成される社会的（social）レベルがある。そして名づけ方によっては、新たな体験として、自分以外の人々に受け入れられる形で再構成することができる。文化の知恵はここに接続する。その知恵を介して、情動は個人的な（personal）無比のレベルの体験として再び自分に戻る。個人のライフストーリーの中にその体験が位置づけられ、意味がわかってくる。これは伝記的（biographical）な情動体験である。このように層構造的なシークエンスを設定すると、情動体験が自己認識を深め、自己の成長を支えるものでもあることがわかる。

アフェクト変様態

本章でアフェクトをどの次元で捉えるか。表出される感情のバリエーションと、そのカテゴリー分類の次元ではなく、アフェクトを起こす根源の相で何が生じているかに焦点を当てることが、情動論的転回の起点を確認する上で重要である。ドゥルーズのアフェクトは、邦訳で変様態と訳されている（Deleuze & Guattari, 1991）。アフェクト変様態は、それを経験する個体を超えた様相のものである。アフェクトは、身体の変様を起こし、身体の変様は、アフェクトを起こす。ドゥルーズのアフェクト論は、人の欲望の動きと心身情動体験を徹底して掘り起こす。その背景にはスピノザの『エチカ』におけるアフェクト論がある。情動論的転回の発端となったダマシオも、その発想の源泉はスピノザにある。スピノザは、身体と心は同じ実体の平行的属性であるとした点で、西洋思想上独自の位置を占めている。スピノザの『エチカ』から一部引用しよう。

感情（affectus）によって私は、それによって身体自身の活動力能が増大もしくは減少し、促進もしくは抑制されるような身体の変状、また同時にそうした変状の観念のことと解しておく。そこでもしわれわれがそうした感情のいずれかの十全な原因でありうるなら、その場合は感情を能動、そうでない場合は受動と解しておく。(Spinoza, 1677／訳書一一九頁)

このようにスピノザは身体の変状から感情を定義する。スピノザの理論では精神と身体とは同一事物とされる。

身体は精神が思惟するように決定できないし、精神が身体を運動、静止、あるいは他の何か（そんなものがあるとして）へと決定することもできない。(Spinoza, 1677／訳書一二〇頁)。

あるときは思惟の属性のもとで、別のときには延長の属性のもとで異なって概念化されるが、両者は同一である。

情動を変様態と解することで心身二元論の罠に陥らないようにしながら、私たちの実践において、クライエントの生きた経験を身体で受け取る器がさらに要請される。人は生を受けそれを維持する限り、変様態として存在している。人と人との関わりだけではなく、人ともの、そして取り巻く環境におい て私たちはアフェクトされ、そしてアフェクトを起こす。これは生を維持する限り誰もが免れえない形である。現在はそこにSNS情報による環境が新たに加わり強力な変様態としてある。

スピノザを端緒とするアフェクト変様態は、創造や生成に関わる概念である。「アフェクトゥス」の世界に私たちは内在している（西井・箭内 2020）。生成変化のプロセスに関わり、人を含む生命体は、他の生命体と環境に働きかけ、環境とのやりとりを通じて複雑な出来事の世界を作り出す。環境世界との間で引き出される行為、情動的反応は出来事として体験に残る。人が身に被った出来事を語り、綴るプロセスによってまた、それまでとは違った現実を生み出す。そのプロセスそのものがアフェクト変様態である。

情動とトーヌスの変化

感情の喪失と回復

「感情がなくなった」という訴えでかつて相談に訪れた人のことを思い出す。五十歳を過ぎた女性である。ことのきっかけは、来談の二年前の七月、大学生の次男が親の反対を振りきって下宿をし、家を離れたときからである。長男はすでに就職し独立していた。次男が自活しだしてからすぐに悲嘆にくれ、泣き暮らした。その後すっかり「感情がなくなってしまった」という。楽しいとかいう感じがないだけでなく、怒りやつらいとか寂しいという気持ちもない。プラスの感情もマイナスの感情も全くなく、空っぽになってしまったと言う。日常の行動も生気に乏しく、身体つきも痩せ衰え、動作が緩慢になってしまう。心療内科医の診察を受け、うつの処方だけではうまくいかないようだということで私の方に紹介された。来談当時はすでにことの発端から一年九か月を経ており、次男は自宅に帰ってきている。ところが意外なことであるが、状態はその時点でも全く変化しない。クライエントは「息子が帰ってきたら元に戻ると思っていた」と語るが、感情がなくなったという状態は変わらない。

面接での最初の印象は、表情が淡白で、抑揚のない声の調子は弱かった。事情を聞いている私も、座語りだす。

席に沈み込むような体感を覚えたと記憶する。面接では息子との別離という出来事をぽつりぽつりと語りだす。

息子が出ていった後、まるで「時間がそこで止まってしまった」とクライエントは言う。面接経過の中で繰り返し、この出来事へと戻る。面接が始まった頃、クライエントは、「あの子が下宿した後、全く糸が切れた凧が飛んでいったように帰ってこなかった。その後私ががらっと変わったことは近所の人にも噂が出たくらい」だと言う。「あまりに私が悲しむので息子がピアノのアルバイトをしている会場を探しに主人の車で出かけたことがあったけど、結局見つからなかった。不思議なことなんです。電車に乗っていて息子がこんなところにいるわけないのに、はっとして『あの子だ』と間違って、どきっとすることがあるんです」。

八回目の面接の頃に、引っ越しの手伝いに行ったときのこと、その場面を想起し、こう語った。「ワンルームまで行った。荷物を仕分けしているときも悲しい、寂しいという感じではなかった。駅で別れて、そのときもそうでもなかった。その晩から涙が出て止まらなかった。何か放っておけない子だった」。このエピソードは、面接経過十回を過ぎた頃、次のように語られた。息子が七月にアパートを決めたとき、それまでにも一人で生活したいとか言っていたけれど「あんたにできるわけない」と相手にしていなかった。その頃の日記を読み返していたら、「感情がなくなった」のは思ったよりもずっと早いことがわかった。（二年前の七月、息子が下宿をしだしたそのすぐ後の）八月には、次男は旅行するために荷物をとりに家に帰ってきている。私はここで驚き「ずっと帰らなかったのではなかったんですね」と思わず応答した。「日記には『○○（息子の名）が帰ると言うけどちっともうれしくない』と書いてある」とクライエントは言う。

このあたりですでにクライエントの感情はずいぶん動いているように私は受け取った。面接経過終盤の頃、クライエントは、同じ日の出来事を次のように語った。「(引っ越しの）その日まで全く信じられなかった。すぐ帰ってくると思っていた。引っ越しの手伝いのとき、ほとんど私は何もしなかったんです。友達がいっぱい手伝いに来ていたし、自分がいなくてもいいんだと思い、胸がいっぱいになった。一人で先に帰った。家に帰ったとたん悲しみに押しつぶされ布団を敷いて寝込んでしまった。その後も、洗濯して息子の靴下を洗ったりするとそのたびにあの子のことを思い出し、悲しみに襲われた」。私は「まるで子どもを亡くされたようですね」と返すと、クライエントは苦笑いしつつ「部屋中、至るところに写真を飾ったりしていたんです」と語る。ここで、クライエントの表情は過ぎ去った過去を思い出すようでもあった。

以上のようにある出来事をクライエントは繰り返し想起し、語る。そして引っ越しという出来事の場面、そこに現れる人物、経過、語り口がそのたびに変化していくことに気づかされる。はじめの頃は想起できず断片的にしか語れなかった内容が、詳細に語れるようになっている。一つの出来事と他の出来事がつながってくると、そこに付随する感情が感じられるようになってくる。ナラティヴと情動との関係を、心理カウンセリングという場面において考えるとき、まずこのような出来事の想起と語りを通して、出来事の意味をクライエント自身が、心底から納得できるところに注目することができる。もし一連の出来事が順序もはっきり想起されず、断片的な形で残っている限り、その出来事に付随する情動は、切り離され感知されないままにとどまってしまうと想定される。

心的緊張トーヌスの変化

出来事の意味感に含まれる推移の感覚は、身体の微細な変化を伴う。筋緊張の収縮と弛緩の間に感じられる体感変化を、ピエール・ジャネはトーヌス（心的緊張――tension mental; tonus mental）（Janet, 1928）と呼んだ。トーヌスは生命体の姿勢や構えを維持する力である。そしてこの姿勢覚は情動と接合する。神経的緊張や感情的緊張など、神経学的事象と並行して心的事象にも緊張（tonus）という言葉が使える。アンリ・ワロンは、トーヌスを筋肉に一定の形と固さを与える持続的緊張（tonic）として、さまざまな態度姿勢を統御する全身的な働きと捉えた。外部に作用を及ぼす筋肉の相性的（phasic）収縮活動とは区別される。トーヌスは自己に作用を及ぼす内受容的な活動であり、情動の変化に密接に関係する（Wallon, 1949）。サリヴァン（Sullivan, 1953）も、筋トーヌスの変化は、直接の行為や運動とは無関係に起こる主要な筋肉系統全体にわたる全身的な現象であると捉え、筋トーヌスの変化は欲求充足、快不快の感覚と密接に関連していると考える。このように、トーヌスは心身相関的概念である。

心理カウンセリングの場面で、アフェクト変様態が感受されるにあたって、トーヌスの微細な変化が手がかりとなる。トーヌスは出来事と出来事、出来事の語りと語りの間にある推移の感覚、この推移の感覚と密接に関係している。出来事が語り直されることを通じて生じる意味の変化は、そのようなトーヌスを支えにして、出来事と出来事の推移を語ることがもたらすようだ。外傷的な過去の出来事は、強い緊張をはらんだままである。と同時に、その出来事が未来においても反復されるという予期に怯えることになる。その意味において、未来は緊張を通じて現在に影響を与えている。言い換えると、未来のイメージは対話場面における語り口やイントネーションの中に表現されている。

上述のクライエントについて見てきたように、一つのエピソードが面接場面で繰り返し語られるときに、異なった言い回しがなされ、また、新しいエピソードがつけ加わり、出来事の順序も置き換えられたり、ディテールが変わったりする。面接場面では珍しくないことだ。同一の発話であってもイントネーションや、出来事へのアクセントの置き方は移動しうる。また出来事の想起は必ずしも時間的順序に対応しない。同じエピソードが想起されるごとに、言述内容や、語り口に落差が生じたり、強調点に変化が生じたりする。語りによる出来事の差異化によってトーヌスの変化が生み出されていくと見ることができよう。そのようなトーヌスの働きは、その場においてはほとんど意識にはのぼらず、むしろ語り口やイントネーションの変化に感受されるものであろう。クライエントに実際、想起された場面に対して今ここで感じられる感情の動きに焦点づけたときは、「何も変わりません」と言うことが多かった。しかし、語りのイントネーションに感受された変化は違っている。面接の後半になると、クライエントが同一の出来事を何度も語っているという意識よりも、全くそこで初めて思い起こされたかのように語ることが印象的であった。このトーヌスの働きを媒介にして、孤立した出来事と他の出来事の間をつなぐには言語的交流の経験が欠かせないと考えられる。

意味の行為とアフェクト変様態

他者を通して自己を定義する

ナラティヴ実践は、人は自らの現実を構成しながら、意味を作り出す存在であるという人間観を共有する。体験される出来事の意味は、個人の中に確固としてあるのではない。出来事の想起は他者に語る行為の中で意味づけられ、筋立てられる。人は、自分の人生を連続した意味のある物語として時間軸上に配列し、組織化することができる。それによって体験がまとまってくる。そのようにして構成される自己物語（self-narrative）は、個人のアイデンティティや自己理解の土台となる。以上の例からも、個人のアイデンティティは揺れ動くことがわかる。ナラティヴ実践において自己は、関係的（relational）、場に応じて配分される（distributed）、流動なもの（fluid）として捉えられる（Monk & Zamani, 2019）。

好ましいアイデンティティ（preferred identity）が、語り直しを通じてどのように生み出されるか。マイヤーホフの実践が先駆的である（Myerhoff, 1992）。個人の人生を小集団で語り聴く実践は、ホワイトの定義的祝祭（definitional ceremony）のルーツにもなった（M. White, 1995）。グループで語り聴くという行い、パフォーマンスを通じて、ドラマの舞台のような場面が設定される。参加者それぞれの経験は、どれをとってもはじめは生のカオスそのものである。グループの中で、自らの語りを他者によって受け取られるとき、その支えによってカオスから意味を持ったまとまりを切り出すことが可能となる。この語り行為を通じて、語る私は以前の私よりはっきりしてくる。個人史を互いに語り合い、それを見える形にすることで、語りが体験へと変様してくる。自分が確かなものになる。自分を聴き受け取ってもらえる他者をそこで得ることを通じて自己を定義していく集団的な活動を、マイヤーホフはdefinitional ceremonyと呼んだ。

ナラティヴ・コミュニティと称することのできる、共通のテーマをもとに語り合う場を継続して持っていく小集団の活動が盛んになってきた。このような時代性において、自己の再定義の場が祝祭性を帯びて体験される。小集団のメンバーシップの前で、自らを語り直すとき、それまでとは違った自己アイデンティティが、テーマを活き活きと分かち合う中で生み出される。そこでもう一つの私が誕生する。ナラティヴは、何を語ったのかという語りの内容だけでなく、行為のレベルにおいて捉えることが欠かせない。

「一つの私が誕生する」場面は、生きた体験が活き活きと語られるときである。そのときに情動が伴う。ナラティヴ・プラクティスが求められる理由には、個性の埋没、喪失へと傾斜する時代背景を挙げることができる。純粋に目前の人に関心を持つということが大切である。心理療法やカウンセリングの諸技法の手前にある基本的な対人援助の姿勢は、医療、福祉、心理の分野で固有名を持つ個人が失われていった時代性の中で、自己の回復に資するために繰り返し確かめられる起点である。個人の自己性が奪われる時代性の中で、自らの過去を生成的に活かすことを可能とする場が求められる。

腑に落ちる

私たちはここで意味の行為の持つ重みにあらためて思い至るのである。出来事と出来事をつなぎ、体験の意味を生み伝える形式としてのナラティヴにおいて、意味の行為の持つ実践性に立ち戻ってみたい。

意味の行為は、上述の例によると、クライエントの「自分がいなくてもいいんだ」という言葉に含意される失意、寂しさと怒り、悔しさ、そして孤独感の入り混じった複雑な感情に加え、あきらめと、出来事と和解し次を生きようとする心の動きが感じられる。このような語りに含まれる意味の行為を通じて、出来事を過去のものへと送っていく。クライエント自身も気づかぬうちに、すでに前に進みだしているという納得感がある。

河合（1998）は「その人が腑に落ちてもらうために自分で物語を発見していただく、それを助けるのが私の職業」という。そういう意味で、私たち心理カウンセラーの仕事は「物語屋さん」である。物語が腑に落ちたときに、人が変わる。カウンセラーという仕事をナラティヴ（物語、語り）という観点から見たとき、自己への洞察がどのように立ち現れるかを、言い当てている。例えば、息子との別れという出来事を語り直すことによって、複数の出来事をつなぐ主体を支えるのが、カウンセラーの仕事である。それによって多くのクライエントは「自分がはっきりする」という。腑に落ちるとは、つまり体験に即した自然な感情が表出され感じられるということである。語り手がはじめから固定した物語を持っているわけではない。関心を持って聴く聞き手がいなかったら、想起され、語られないことがある。

一方で、腑に落ちる実感とは、これまた複雑な感情体験である。腑に落ちることによりかえって固定した信念を作ってしまうことすらあるのが、実践の難しいところである。例えば、病を患うと「なぜこんな病気になったのか」と、過去の出来事を思い起こし、それぞれの出来事はネガティヴな色合いに包まれる。病に関わる否定的な生活上の出来事が選択されて配列され、そのストーリーによって、固定した「病の現実」が作り上げられる。物語は体験を秩序立てるが、直線的因果関係の固定したプロットの中で固まってしまうことがある。特に医学／心理学的疾患分類の用語は、現況の困難に納得を与えるのに有力なストーリーを作り出す。その理解に当てはまる出来事の意味が氷解し、強い納得感を伴う。トラウマや発達障害という言葉は、当事者家族や周囲の関係者の混乱した状態に対し、一定の理解を与える。一方で、そのような言葉の力は逆に理解の文脈を固定してしまうリスクがある。そこで動きが止まってしまう。医療におけるナラティヴの観点は、時間経過の記述に関わるところで、際立ってくる。

ナラティヴは実は、「確実性よりは可能性と結びついている。ある瞬間は他の瞬間より以上に物語的である」(Hurwitz et al., 2004／訳書四七頁)。可能性と結びつきにくいような納得は、意味生成をむしろ止めてしまう。物語が固まったら揺さぶることも必要である。固定的な文脈では、物語を揺さぶる偶然の出会いといったチャンスは乏しくなる。

悲しみの片側にはたいてい何かがある。誰かを失って悲嘆にくれるということは、亡くなった人の人生が話し手にとって重要だということを表す。ホワイト(M. White, 2000b)は語られた言葉に「潜-在」(the absent but implicit)する声を聴くことを、実践で重視した。単一に記述された人生経験の対側にあるもの、明らかな側の対側にあるものを二重の耳で聴く(double listening)。このように聴き取ろうとする他者を介して、体験された出来事は、自然な時間の流れの中に収まってくる。「腑に落ちる」という納得感にはこのような時間の推移の感覚が伴っている。

意味が身体化するところ

ある出来事が何かの意味を帯びる瞬間、意味を持ったものとして立ち現れる前後のところに戻って探ってみよう。意味の動きには腑に落ちるという身体の変様すなわち、情動アフェクトが伴っている。ホワイト(M. White, 2000a)が子どもの遊び、文化に一貫して関心を寄せていたことには意外な印象を覚えるが、確かに意味の動きは、子どもの遊びを見るとよくわかる。子どもの遊びは、意味の動きを可視化し、意味をパフォームする。パフォーマンス(performance)とはper-formの文字通り、未だ形にならない可能性に向けて、形を創り出すことである。存在しているが形にならないもの、未形成のもの（パワー、エネルギー、インスピレーション）を私たちの感覚の中に持ち込む（形にする）ことである（Rooley, 1990）。

シンガー夫妻は、三歳になる息子の遊びを挙げている。仲良しの飼い犬が亡くなるという体験をしたマイケルは、遊びを通じて愛犬トビーを失った感情体験を再現し、心に収めていくのである。厚紙のブロックで犬小屋を作り、母親を「ワンワン」にして最初はやさしく、次は悪い「ワンワン」にして叱り、犬小屋に閉じこめる。最後に仲直りをする。そして動物病院に連れていくところで遊びは終わりになる。マイケルはこの遊びを通して、トビーに対する愛情と、自分の前から姿を消したことへの怒りと和解の感情を再現する（Singer & Singer, 1990）。

子どもの動きが意味領域を獲得するには、発達的な順序がある。そこで欠くことができないのは、そばにいる他者の働きである。養育者は子どもたちのごく幼いときから、その行動に対して言葉をかける。日常、自然にやっている。養育者の言葉かけは、子どもの心内の感情状態に対しても行われる。幼い子どもたちのふるまいに養育者は、身振りも総動員しながら言葉を重ねる。大人は幼な子が話をしているように（話せる存在として）ふるまう。子どもはどうやって話すかは知らない。ふるまいをそのように扱う養育環境が、子どもの発達を引き起こす。自分の行為と感情に語りがついてまわるという体験が、子どもの心に内面化される。自分の動きに人を呼び寄せ関心を引くという意味が加わる。動きが行為になる。動きと言葉は本来独立した系列の活動である。ナラティヴは、この独立した二つの系列に橋渡しをする働きを持つ。人の行為は出来事として語られ記憶される。このことは、人の生につきまとう二重性の出発点となる。

子どもたちの意味作りは可視的である。意味生成のパフォーマティヴな次元がよくわかる。子どもたちの想像はまず現実の素材から構成される。想像が体験に依存するのがはじめの段階だが、後に、空想の産物は現実と結合し、新たな情動の体験が加わる。ヴィゴツキーはそれを情動的結合と名づけている。身体的な動き、ふるまいを伴う情動表現と内的形式すなわち、考えやイメージ印象を結合することによる情動表現である。発達的に見ると、ナラティヴ、物語はこのような想像と体験素材の複合体を基盤とする。童話や伝承話が、子どもたちにとって、複雑な人生の関係を理解するのに役立つのは、形象の情動的結合によるのである（Vygotsky, 1930）。

子ども期を過ぎ、言葉を巧みに使うようになっても、語りによる意味作り（meaning-making）を下支えしているのは、子どもの遊びの次元ではないか。その次元を、ナラティヴの一次過程として、捉えることができる。森岡（2020b）は、一次過程として主に、前言語的なコミュニケーションの次元や、出来事と出来事をつなぐ統覚（apperception）について検討した。物語論的転回から情動論的転回へと向かう背景には、ナラティヴの一次過程をさらに探求することの実践場面における要請が深く関連する。意味の身体化するところに迫る必要がある。

出来事が体験として意味化する。ナラティヴ実践の底流に流れている心の営みは、何によって支えられ維持されているのだろうか。それがほころびを見せるときに、どのような危機を被るのだろうか。そこに接近する必要がある。情動論的転回はこの点に関わる。ナラティヴ実践によって、新たな意味が生まれるとは、単に言葉の上でのことではなく、それに見合った行為を引き出す。このことを強調したい。治療的会話にとって意味深く、豊かな雰囲気／環境（atmosphere）を醸成する（Freedman, 2012）。クライエントが好ましいストーリー（preferred story）を語るときは、意味のパフォーマンスが開かれている（Myerhoff, 1982; Combs & Freedman, 2012）。

語りは形式と行為において根本的に反復を内に含んでいる。語りの反復は豊かなイメージを生む。この反復は単なる繰り返しではない。たとえ孤立し、閉ざされた出来事のイメージであったとしても、聞き手との間で語り直し、その現在において活かされれば、事態は好ましい方向へと動きだすことがある。この観点からすると、クライエントは問題を抱えている人なのではなく、ナラティヴを通して確実性よりは可能性と結びついている。可能性というゾーンに向かっている人として接することができる。私たちにも、既存の条件の中での原因を探すのではなく、可能性のゾーンを共に探求するというスタンスが生まれる。パフォーマンスを介し、動くことの中に可能性のゾーンが開かれる。このゾーンにおいて、情動が豊かな体験として感受される。

アフェクトの世界

アフェクトし、アフェクトされる世界に内在している私たちは、それぞれに固有の世界を形作っている。それをさしあたって環世界と呼んでおこう。ユクスキュル（Uexküll, 1909/1970）が導入した環世界（Umwelt）とは、人を中心として見た外部の環境ではない。ユクスキュルは生命の生きた形態のみを対象とする生物学を構想したユニークな生物学者で、同時代のヴィクトール・フォン・ヴァイツゼカーや、エルヴィン・シュトラウスの医学哲学にも大きな影響を与えた。その特徴として、生物を環世界の中に組み込まれたトータルな存在として捉える。生物は意味世界の中心（Mittelpunkt der Bedeutungswelt）をなす主体であり、生の場面においてそのつどの役割の担い手として自らを演じる積極的な存在と見る。このような観点で生物から見た世界を描くと、生命体は無限に多様な並列世界を形作っていて、ウニと人の世界に優劣はないという生命観が成り立つ。世界は全体としてオーケストラの総譜のようなものである。

環世界とは人を取り巻く外界の環境と同一ではない。人が環境の中で感受する感覚刺激は、内界の働きによって制約される。外界の刺激を選択し、配列する。その内的な活動の基盤は情動・欲望、すなわちアフェクトである。このように外界を構成するアフェクトの働きをニーチェは、内界の根底にある生の律動性と捉えた。内的世界の現象においては、原因と結果の時間方向が逆転している。「結果が起こってしまった後で、原因が空想されるというのが「内的経験」の根本事実である」（Nietzsche, 1901／訳書下巻二四頁）。人は外界の直接的な作用そのものを受け取っているのではない。刺激に対して何重にもフィルターをかける。これはフロイトが想定した心の仕組みに重なる。環世界は意味を生み出す働きによって構成される。言い換えると、人は「見たい現実を見ようとする」。

子どもにとって環世界とは、生活、暮らしそのものである。暮らしの中で、子どもたちの世話をし、成長を促進する環境がどのように与えられるのか。あるいは補わなければならないのか。臨床におけるアフェクト世界は、患者当事者、家族たちの多様な暮らしへの想像力をもとに構成される。臨床看護の現場では、話す時間などない。語り聴く前に動いている。五感が勝負の世界とも言われている。そして病院内は本来アフェクトの優勢な世界である。これも一つの環世界である。だからこそ専門職はそこにアフェクトされることはいったん断ち切って動く。一方で、ベッドサイドでの出会いの瞬間、特定疾患の患者ではなく、その人に「思い」を向ける瞬間がある（紙野 2015）。そのとき相手に接するモードがシフトする。大切に接しようと思う。すると、病室の風景が変わる。私とその相手の間に質の異なる空間が生まれる。この人に、今ここで集中する。名前を呼びかける。何か聞きたくなる。専門職としての姿勢から人として接するときの姿勢への転換が起きるが、このシフトが、結構難しい。

人は自ら感知したものを通じて、世界を多様に構成していく存在である。人と人、人と物との交流も含めた環世界の中で意味の動きを捉えることが必要である。人は世界の中で、表情性と表現性を保ち、動き動かされる存在としてあるからだ。人は、環境、他者、そして自分自身を解釈することによって、一貫して意味を探求する存在である（Bruner, 1990）。意味は力動的で、状況的で、対話的な概念として理解される。情動論的転回が示すものは、人が世界との関係において、前言語的、前概念的交流へと立ち戻ることがより切実な課題となってきたということである。意味のパフォーマンスが喚起するもの、その場において被るものへの感受を通じて、環世界の中で活きた体験を回復させる。このことが臨床的支援においても課題として浮上してきた。

情動の神経科学的基盤に、ナラティヴの観点を結合させるという神経ナラティヴ・セラピー（neuro-narrative therapy）の動向については、還元主義に逆行すると短絡的に捉えてしまいがちだ。出来事の意味は脳神経科学のデータで説明できないという批判がすぐ出てくるだろうが、その考えは性急すぎる。心で起きていることは身体でも起きている。逆もしかりである。人間および人間を取り巻くさまざまな事物がアフェクトされアフェクトする。このような世界にあって、意識化、言語化されがたいその感受を起点として、実践に入る。ナラティヴ・アプローチは、意味を生むその表現の仕方に、焦点が当たっている。その人が自らの暮らしの中で感じ取っていることをどのように表現するか。生きた経験をどのように表現し形にするかに、関心を寄せる。そのとき言葉は言語以上の多様な身体活動を含んでいるのだろう。会話そのものが環世界を作る。そこに私たち伴走者は率直に身をゆだねていこう。

アフェクトは、自らの心身を変様することで現実を変えようとする人の在り方そのものなのである。あらためて個人の現実を作るナラティヴの働きに関わって、アフェクトが現実を動かし、変様する起動力となることの実践的意味に気づかされる。一方で、語りつつ経験の組織化を遂行する物語行為、ナラティヴの基盤にある働きが、身体基盤の神経経路システムに影響を与え、それが心的システムと社会的システムを動かすのはなぜか。まだまだ謎は深い。

エピローグ

小森康永

二〇二二年七月二十八日の朝一番の男性を私はセンセイと呼ぶ。術後二日目の午後に訪室すると、彼は必死のリハビリを始めるところだったので、一緒にICUの廊下を二周する。術前の三倍ほどの管や点滴につながれ青息吐息だ。高次脳機能障害と症候性てんかんによる術後せん妄ハイリスクとされた通り、手術翌日の夜に見当識障害を来したが、日中は多少健忘がある程度だ。一緒に歩いていたからか「教え子と町でばったり会ったりすることあるの?」と口をつく。「昔はあったけどね、もう町に出ないから」と言いつつ、臨時教員だった新卒時代、担任をしていた小学一年生の女の子の親が寿司屋で、辞めるときに寿司を握ってくれたと話しだす。おさげ髪のかわいい子で、カウンターに座ったセンセイの膝の上にちょこんと座った。以来、ずっと手紙のやりとりが最近まで続いた。

センセイはそれを機に、貧乏な学生時代の話を始める。私も同じ大学、移転前の古いキャンパスまで同じだったから、バス停の名前から母と息子でやっている食堂の名前まで何の注釈も要らない。彼が私の苗字をすぐ記憶したのは、彼の親友の苗字と同じだからだと話しだす。なんとその親友は私の父と同姓同名であった。思わず二人で笑う。

冒頭の教え子についての質問は、私がそのとき、川上弘美の『センセイの鞄』を読んでいたから出たものであろう。目の前の人物とそれなりに似たところのある小説の登場人物とを隣り合わせにしてみる。隠喩は捨てて換喩で行く。専門家の知識ではなく発見に対する受容性。そこで展開したのは、彼の学生時代である。この人懐っこさはどうだろう。それがせん妄の影響によるものではないことは、症状消失後もそれが変わらなかったことから明らかである。さらに二度、このような回顧談が続くが、最後のセンセイの言葉は実に印象的だ。「あなたとは本当に話ができるんですよ。……いろんな地名、いちいち説明しなくてもわかって聞いていてくれるのがわかるからさ」。センセイは二週間ほどで退院した。その後、何度か腹痛による緊急入院を繰り返したものの次第にそれは間遠になり、半年後にはすっかり落ち着いた。

正午の男性は、二週間後の外来受診では、布団で七時から十時まで眠り、中途覚醒を挟んで〇時から三時まで再度眠れるようになっていた。気持ちも安定しているという。何が功を奏したのかと尋ねると、初回面接で脳外科医に確認をとってくれたからだという。それで安心できたし信頼を置くことができた。そこでは、恐怖が処理されたのではなく、恐怖とされた感情と予防思考と仰臥位拒否という行為の不分離が明確化された。

夕刻の男性は一か月後に手術目的で入院した。ドタキャンはしないよと笑う。息子は主治医と連絡をとり、当初、父親には秘密にするよう言ったが、術前にはそれを撤回した。手術は成功し、声を失い、施設退院となった。筆談には消極的だったが、絶えず柔らかい表情が続いた。半年後の外来では、五日前に人工喉頭を使い始めたと報告する。なかなかうまくいかなない。自転車に乗れるようになったときか、泳ぎを覚えたときのことを想像してみたらどうかと言うと、俺は運動神経がいいからそういうのは苦労しなかったんだと言う。じゃあ人口喉頭もすぐにマスターできるさと言うと、笑う。しかし、その面接後、主治医から電話が入る。喉頭がんは再発しており、肺転移も認められたので、次回再診は来週に繰り上げたと。

本書をアウトサイダーウィットネス実践として説明することを続けよう（第二部冒頭のメモを参照）。我が情動記念日制定にまつわる語りが第一段階なら、その語り直しである第二段階は第六章から第八章となる。ならば、語り直しの語り直しである第三段階がエピローグに来ることが期待されよう。もちろん、これが書物である以上、読者が私の立場を引き受けてここで語り直しの語り直しをするのも一興である。支援職にある読者であれば、ケースの話になるといつの間にか自身の体験を想起しているはずだから。いずれにせよ、三者による渾身の語り直しに、私はしばし呆然としたくらいだから、おいそれと語り直しの語り直しができるわけもない。何ならもう一冊書くのが筋だろう。そこで、読み終えて何を連想したのかだけをここに記しておきたい。

そもそも私が初めてaffectなる言葉を目にしたのは、二〇二一年春、ジョナサン・ワイアットの『セラピー、スタンダップ、そして書くことの仕草（*Therapy, stand-up, and the gesture of writing*）』（Wyatt,

2019——デンボロウ論考と同じ年の出版）を読んだときのことだ。その見知らぬ用語は大切そうに思えたものの素通りした。リトルネロとアフェクトとの関係にさえ気づかない体たらくである。しかし、今回はしっかり情動に目が向いた。私は三者に何を期待していたのだろう。デンボロウが感情・意味・行為は不分離なのだと明示し、三者それぞれが神経科学、人文社会科学、心理学における情動の背景をクリアに論じるのを読む中で、私が想起したのは、マイケルがあるインタビューで読み上げた、ある小説の登場人物の言葉だ。

マイケルは、表層スピリチュアリティに関するそのインタビューの中で、面接での話の聴き方は仕事に対する自分の好みのメタファーによってもたらされるものであり、特に詩学がしっくりくると述べ、デイヴィッド・マルーフが長編『ザ・グレートワールド（*The great world*）』で大学教授に語らせた言葉を読み上げた（M. White, 2000／邦訳二〇〇八－二〇〇九）。以下の通りだ。

詩はどのように、**心の奥深く**に感じられ、そうでもしなければ記録されることもないことを**声**にするのでしょう。もっとも簡単明瞭な言葉が使われるわけではないのは、それがいつでも可能というわけではないからですが、いずれにせよ正確な言葉が使われるのです。ユニークながら繰り返されるあらゆる出来事、日々の存在の小さな秘跡、**心臓の鼓動**と身近でありながら**表現不能な物事**の壮大さと**恐怖**の兆候、それは私たちの**別の歴史**です。出来事のノイズとおしゃべりのもと、静かに進行するもの。それがこの惑星の生活で毎日起こることの大半であり、そのはじまりから綿々と続いてきたものです。詩とは、**それに見合う言葉を見つけること**、たいていは見えず語られることもないことに重要性を加味することです。詩ができれば、それが**私たち全員をつなぎとめる**のは、それが**私たち一人ひとりの中心から直に語られる**からです。自分たちも**経験**していたのにそれが言葉にされるまで**経験**することのなかったものに姿を与えることです。たとえ詩が語られるや否や、私たちが自分自身のものとしてそれを知るのだとしても。（Malouf, 1991, pp. 283–284）［太字は小森による］

この「詩」を情動ないし感情にすげ替えれば立派な情動論になると夢想する。ちなみに、表層スピリチュアリティ（M. White, 2000）とは、マイケルの分類によるもので、与えられた生活から離脱するための物質的選択に関心を向けさせるものである。神とか人間本質の経験、あるいは神との関係を介して魂ないし霊に触れることを目指すように、目に見えないものは扱うことはしない（これらは上昇型、内在型、ないし上昇／内在型とされている）。

最後の第四段階として、本書の脱構築とも言うべきコメントを三者から提示してもらった。

脱構築と情動と言えば、感情と情動の神経科学の領域で注目を集めているリサ・フェルドマン・バ

レットの名を想起する方もいらっしゃるだろう。彼女は構成主義の立場から、構成主義的情動理論を提唱している。神経回路に基づく情動の分類には批判的で、情動は社会的に構成されたものであるとする彼女の理論は、当然ながら社会構成主義を理論的支柱とするナラティヴ・セラピーとは相性がよいのだが、本書で論じたパンクセップの情動理論には否定的な立場をとっている。パンクセップからすれば、バレットの議論は三次レベルの情動とはよく合うが、一次レベルの基本情動まで否定するのは行きすぎということになるだろう。パンクセップの理論をさらに展開させているソームズは、最近、オンライン上でバレットと討論を行い、公開された（www.youtube.com/watch?v=9yEPHUKyBOM）。意見が異なる科学者が真摯に討論を交わす様は科学研究の醍醐味であるが、導入にあたる理論の確認部分で議論が沸騰して本題に入れず時間切れとなり終わってしまった。結論を急ぐよりもじっくりと議論することが尊重され、続編が計画されている。

神経科学がこれこれの知見を示している、と言われると、専門外の者にはそれがあたかも十分に証明された知見であるかのように受け取ってしまいがちであるが、神経科学と一口に言っても、一枚岩ではなく、さまざまな見解があり、特に感情・情動をめぐる神経科学においては、議論が沸騰している。このような事情もあり、また、安達さんのメールにも触発されて、感情と神経科学を考える上で、その背景となる連合主義や皮質中心主義について論じることとなり、小森さんが期待していた「私の話題提供を神経科学の視点から解説してくれればという思惑」には十分届かなかったのが悔やまれるが、ご容赦いただきたい。（岸本）

不意に夜半に目覚めて、眠りという意識外で進んでいた思考の片鱗をつかんでしまうことがある。このエピローグの締切りを控えたある夜の中途覚醒。なぜか脳はリフレインという響きをめぐって言葉遊びを繰り広げていた。リフレイン、リフレイン。私をどこかに運ぶのはトレイン、エアプレイン。もう一度眠りに落ちて見た夢の景色は、音もなく降る柔らかな雨の街だった。雑踏だと思えたその場所は、いつの間にか深い森に変わっている。誰もいない森なのに、不思議と怖くはない。はっきりと目が覚めても、雨の湿りと温かさは肌に残る。その温度に包まれて、レイン、レインと声に出すと口元が緩む。つぶやきながら、今回先の見えない樹海に歩を進めその入り口付近でたどたどしく書こうとしたのは、詩的な身体あるいは身体性という詩、についてだったのかもしれないと思いつく。

最も大切なことは最も書きたくないことでもある。書くことで、その輝きや儚さが損なわれるのを畏れるからだ。ただ、この本のように経験と手腕を誇るツアーガイドたちが同伴してくれるなら、情動森林散歩はきっと愉しい。ゆだねる安らぎのうちに歓びと発見が溢れている。（安達）

マイケル・ホワイトの実践理論が、理論的変遷を経ていることは案外知られていない。私自身も、安

達映子さんが実行委員長を務めた二〇二一年八月の日本家族療法学会第三十八回大会での企画シンポジウム「ナラティヴ・セラピーの三十年」での、小森さんの発題にて、にわかに知りえたことであり、ホワイトの前期、中期、後期の変遷はきわめて興味深い。ホワイトは晩年、ドゥルーズを読めと言い残したそうだ。ドゥルーズのアフェクト論はスピノザのアフェクト論から直接の影響を受けているが、ホワイトがドゥルーズを読めと言ったその真意は、私にはまだよくわからない。

安達さんがその後、ご自身の研究休暇で、二〇二二年度立命館大学にて特別研究員として滞在されるという幸運に恵まれた。せっかくだから、一緒に何かしましょうというご提案のもと、私の主催する臨床ナラティヴ・セミナーにおいて、小森さんと岸本さんの対談を基本にした拡大セミナーの企画を立てた。お二人は東西きっての緩和医療の専門家であり、ホスピスケアとナラティヴがどのように交差するか、まずは二人の話を聞きたいと思った。一方で、岸本さんが先陣を切って進めてきたナラティヴ・メディスンと、神経精神分析の展開は、ホワイトのナラティヴ・セラピーに隣接しながら、その関係がどのように交差するのかも不明。そうこうしていると、小森さんから、ナラティヴの情動論的転回を扱いたい旨の連絡があった。

この最前線のテーマに関わる議論はたいへん興味深く、勉強することに暇はない。臨床ナラティヴ・セミナー第四十四回シンポジウム「ナラティヴと情動（Affect）」として二〇二二年十月二十二日に立命館大学大阪茨木キャンパスにて実施した。

ナラティヴ・アプローチといっても、現況、種々の立場があり、安達さんに言わせると「寄り添い型」ナラティヴというのが広まっているという。私などその典型である。ナラティヴ・プラクティスにおいて、イメージや情動アフェクトが補完されるべきことは日々の実践で切実である。しかしそれがどのように理論的にも整合するのかが、まだよくわからない。その中核には、スピノザとドゥルーズが位置するようなのである。今回の企画はそれを解明する絶好の機会であった。

ナラティヴの感情の扱い方の特徴は、感情を意味と行為が渾然一体となったものと考えることである。ドゥルーズ－ガタリによれば、アフェクトはアフェクシオン（変様＝感情）の中に収まらない。「アフェクトは、一つの体験された状態からもう一つの体験された状態へ移行することではない。アフェクトとは、人間が非人間的〔なもの〕に生成することである」。小森さんがドゥルーズ－ガタリの最終地点の主著から引用されたこの部分、ちょうど私も注目しつつ、立ち止まっていた。人間が非人間的なものへと生成するとはどういうことか？　それをナラティヴ実践の中でどのように活かしうるか。

ドゥルーズ－ガタリによると、アフェクト変様態は、種々のアートによる合成＝創作（コンポジション──composition）として、個人から離れた感覚的生成を実現する。そう。ロスコの赤である。何か心理療法やアートセラピーの基盤につながるようである。このような着想は今後の臨床実践を、何より活き活きさせてくれる。

さて私たちのこの書物も、一つの合成＝創作（コンポジション）であろう。小森、岸本、安達それぞれの躍動する筆致や語り口をご覧いただきたい。まるで言葉のダンスあるいはジャズの即興のよう

なリズムと流れがある。私にはまねができない芸当で、コンポジションにやや異形のものを加えてしまったかもしれない。（森岡）

「三人の男性たち」は本書で四回、顔を出す。まずはこの本を書くべくアフェクトした実在の三人の男性患者さんたち。思い起こせば、その昔、私が森岡さんにも協力を求めて初めて一緒に作った本『ナラティヴ・セラピーの世界』（一九九九年）のカバー画に選んだのは、三人の男性が描かれたマグリットの「傑作または地平線の神秘」（一九五五年）であった。実はこの不思議な男性に一番雰囲気が似ているのは、立命館大学でのシンポジウム企画を聞いてすぐに出版を請け合いメール交換にもずっとつきあってくれた北大路書房の若森乾也さんである。深謝（そして「乾を旋《めぐ》らし坤《こん》を転ず」という言葉、今日まで知らずにいてごめんなさい）。さらに、安達さんが結びつけた共同執筆者の三人の男性。そして、プロローグの冒頭に登場したパラフレーズの源、それはリチャード・パワーズ（柴田元幸訳）の『舞踏会へ向かう三人の農夫』である。

索　引

人名

事 項

あ行

か行

さ行

た行

文　献

プロローグ

Denborough, D. (2019). Travelling down the neuro-pathway: Narrative practice, neuroscience, bodies, emotions and the affective turn. *International Journal of Narrative Therapy and Community Work*, (3), 13–53. (本書所収)

Heath, T., Carlson, T. S., & Epston, D. (2022). *Reimagining narrative therapy through practice stories and autoethnography* (pp. 17–24). New York, NY: Routledge, Taylor & Frances Group.

第一部

第一章－第四章

Beaudoin, M. (2017). Helping clients thrive with positive emotions: Expanding people's repertoire of problem counter-states. In M. Beaudoin & J. Duvall (Eds.), *Collaborative therapy and interpersonal neurobiology: Emerging practices* (pp. 28–39). New York, NY: Routledge.

Beaudoin, M. (2019). Intensifying the preferred self: Neurobiology, mindfulness and embodiment practices that make a difference. *International Journal of Narrative Therapy and Community Work*, (3), 13–53.

Beaudoin, M., & Duvall, J. (2017a). *Collaborative therapy and interpersonal neurobiology: Emerging practices*. New York, NY: Routledge.

Beaudoin, M., & Duvall, J. (2017b). Introduction: Merging soft and hard sciences. In M. Beaudoin & J. Duvall (Eds.), *Collaborative therapy and interpersonal neurobiology: Emerging practices* (pp. 1–12). New York, NY: Routledge.

Beaudoin, M., & Zimmerman, J. (2011). Narrative therapy and interpersonal neurobiology: Revisiting classic practices, developing new emphases. *Journal of Systemic Therapies*, 30, 1–13.

Belcourt, B. (2018). *This wound is a world.* Calgary, Canada: Frontenac House.

Benestad, E. E. P. (2016). Gender belonging: Children, adolescents, adults and the role of the therapist, Revised. *International Journal of Narrative Therapy and Community Work*, (4), 92–106.

Borck, C. (2012). Toys are us: Models and metaphors in brain research. In S. Choudhury & J. Slaby (Eds.), *Critical neuroscience: A handbook of the social and cultural contexts of neuroscience* (pp. 113–133). Oxford, England: Wiley.

Choudhury, S., & Slaby, J. (2012). Preface. In S. Choudhury & J. Slaby (Eds.), *Critical neuroscience: A handbook of the social and cultural contexts of neuroscience* (pp. xiii–xv).

Oxford, England: Wiley.

Cvetkovich, A. (2012). *Depression: A public feeling*. Durham, NC: Duke University Press.

Davidson, A. (2005). Ethics as ascetics: Foucault, the history of ethics, and ancient thought. In G. Gutting (Ed.), *The Cambridge companion to Foucault* (pp. 123–148). New York, NY: Cambridge University Press.

Deleuze, G., & Guattari, F. (1984/2004). *Anti-Oedipus: Capitalism and schizophrenia*. London, England: Continuum. (Original work published 1984) (宇野邦一 (訳) (2006).『アンチ・オイディプス―資本主義と分裂症(上・下)』 河出書房新社)

Denborough, D. (2008). *Collective narrative practice: Responding to individuals, groups, and communities who have experienced trauma*. Adelaide, Australia: Dulwich Centre Publications.

Denborough, D. (2010). *Working with memory in the shadow of genocide: The narrative practices of Ibuka trauma counsellors*. Adelaide, Australia: Dulwich Centre Foundation International.

Denborough, D. (2012). The Team of Life with young men of refugee backgrounds. *International Journal of Narrative Therapy and Community Work*, (2), 44–53.

Denborough, D. (2018). *Do you want to hear a story? Adventures in collective narrative practice*. Adelaide, Australia: Dulwich Centre Publications.

Denborough, D. (2019). *A political dictionary for the field of narrative practice*. Adelaide, Australia: Dulwich Centre Publications.

Denborough, D., Freedman, J., & White, C. (2008). *Strengthening resistance: The use of narrative practices in working with genocide survivors*. Adelaide, Australia: Dulwich Centre Foundation.

Denborough, D., Koolmatrie, C., Mununggirritj, D., Marika, D., Dhurrkay, W., & Yunupingu, M. (2006). Linking stories and initiatives: A narrative approach to working with the skills and knowledge of communities. *International Journal of Narrative Therapy and Community Work*, (2), 19–51.

Drahm-Butler, T. (2015). Decolonising identity stories: Narrative practice through Aboriginal eyes. In B. Wingard, C. Johnson, & T. Drahm-Butler (Eds.), *Aboriginal narrative practice: Storylines of pride, strength and creativity* (pp. 25–46). Adelaide, Australia: Dulwich Centre Publications.

Dumit, J. (2012). Critically producing brain images of mind. In S. Choudhury & J. Slaby (Eds.), *Critical neuroscience: A handbook of the social and cultural contexts of neuroscience* (pp. 195–225). Oxford, England: Wiley.

Dunne, P. (2017). Insights on positive change: An exploration of the link between drama therapy and neural networks. In M. Beaudoin & J. Duvall (Eds.), *Collaborative therapy and interpersonal neurobiology: Emerging practices* (pp. 62–74). New York, NY: Routledge.

Duvall, J., & Maclennan, R. (2017). Pivotal moments, therapeutic conversations, and neurobiol-

ogy: Landscapes of resonance, possibility, and purpose. In M. Beaudoin & J. Duvall (Eds.), *Collaborative therapy and interpersonal neurobiology: Emerging practices* (pp. 15–27). New York, NY: Routledge.

Epston, D. (1999). Co-research: The making of an alternative knowledge. In Dulwich Centre Publications (Eds.), *Narrative therapy and community work: A conference collection* (pp. 137–157). Adelaide, Australia: Dulwich Centre Publications.

Ewing, J., Estes, R., & Like, B. (2017). Narrative neurotherapy (NNT): Scaffolding identity states. In M. Beaudoin & J. Duvall (Eds.), *Collaborative therapy and interpersonal neurobiology: Emerging practices* (pp. 87–99). New York, NY: Routledge.

Fine, C. (2010). *Delusions of gender: How our minds, society and neurosexism create difference.* New York, NY: Norton.

Fredman, G. (2004). *Transforming emotion: Conversations in counselling and psychotherapy.* London, England: Whurr.

Gershoni, Y., Cramer, S., & Gogol-Ostrowsky, T. (2008). Addressing sex in narrative therapy: Talking with heterosexual couples about sex, bodies, and relationships. *International Journal of Narrative Therapy and Community Work*, (3), 3–11.

Gould, D. (2010). On affect and protest. In J. Staiger, A. Cvetkovich, & A. Reynolds (Eds.), *Political emotions* (pp. 18–44). New York, NY: Routledge.

Griffith, J. L., & Griffith, M. E. (1994). *The body speaks: Therapeutic dialogues for mind-body problems*. New York, NY: Basic.

Hall, W. (2012). Beyond biological reductionism: Raymond Tallis. Retrieved from www.madnessradio.net/madness-radio-beyond- biological-reductionism-raymond-tallis/

Hedtke, L., & Winslade, J. (2016). Elastic time. In L. Hedtke & J. Winslade (Eds.), *The crafting of grief: Constructing aesthetic responses to loss* (pp. 147–168). New York, NY: Routledge. (小森康永・奥野 光・ヘミ和香 (訳) (2019).「伸びる時間」『手作りの悲嘆─死別について語るとき〈私たち〉が語ること』 北大路書房)

Hemmings, C. (2005). Invoking affect: Cultural theory and the ontological turn. *Cultural Studies*, 19(5), 548–567. doi: 10.1080/09502380500365473

Holland, E. W. (2017). Review: The minor gesture. *A Contemporary Political Theory, 17* (Suppl. 4), S244–S247.

Johnson, R. (2017). *Embodied social justice*. New York, NY: Routledge.

Kafer, A. (2013). *Feminist, queer, crip*. Bloomington: Indiana University Press.

Karageorgiou, E. (2016). Stories of the body: Incorporating the body into narrative practice. *International Journal of Narrative Therapy and Community Work*, (3), 1–7.

Kirmayer, L., & Gold, I. (2012). Critical neuroscience and the limits of reductionism. In S. Choudhury & J. Slaby (Eds.), *Critical neuroscience: A handbook of the social and cultural contexts of neuroscience* (pp. 307–330). Oxford, England: Wiley.

Lainson, K. C. (2019). Narrative therapy, neuroscience and anorexia: A reflection or practice, problem and possibilities. *International Journal of Narrative Therapy and Community Work*, (3), 80–95.

Leys, R. (2011). The turn to affect: A critique. *Critical Inquiry*, 37, 434–472.

Mann, S. (2004). The questions posed by our work with women who have experienced sexual abuse. *International Journal of Narrative Therapy and Community Work*, (4), 3–12.

Manning, E. (2016). *The minor gesture*. Durham, England: Duke University Press.

Marlowe, S. (2017). Supporting young children visited by big emotions: Mindfulness, emotion regulation, and neurobiology. In M. Beaudoin & J. Duvall (Eds.), *Collaborative therapy and interpersonal neurobiology: Emerging practices* (pp. 50–61). New York, NY: Routledge.

Marsten, D., Epston, D., & Markham, L. (2016). *Narrative therapy in wonderland: Connecting with children's imaginative know-how.* New York, NY: Norton.

Marsten, D., & Markham, L. (2017). Deconstruction in narrative couple and family therapy. In J. L. Lebow, A. L. Chambers, & D. Breunlin (Eds.), *Encyclopedia of couple and family therapy.* New York, NY: Springer.

McLeod, J. (2005). Counseling and psychotherapy as cultural work. In L. T. Hoshmand (Ed.), *Culture, psychotherapy and counseling: Critical and integrative perspectives* (pp. 47–63). Thousand Oaks, CA: Sage.

McLeod, J. (2007). Narrative thinking and the emergence of postpsychological therapies. In M. G. W. Bamberg (Ed.), *Narrative – State of the art* (pp. 237–245). Amsterdam, Netherlands: Benjamins.

Nestle, J. (2003). Responding with history and story: An interview. *International Journal of Narrative Therapy and Community Work*, (1), 61–65.

Newman, D. (2008). 'Rescuing the said from the saying of it': Living documentation in narrative therapy. *International Journal of Narrative Therapy and Community Work*, (3), 24–34.

Newman, D. (2015). Honoring not categorizing of action and crafting collaboration: Some ways of working with young people. *Journal of Youth Research*, 3(3), 90–104.

Newman, D. (2016a). Explorations with the written word in an inpatient mental health unit for young people. *International Journal of Narrative Therapy and Community Work*, (4), 45–57.

Newman, D. (2016b). How we deal with 'way out thoughts': A living document: ways of talking with young people about suicidal thoughts. *International Journal of Narrative Therapy and Community Work*, (4), 59–65.

Newman, D. (2019). *Dictionary of obscure experiences* [Unpublished working document]. Sydney, Australia: Sydney Narrative Therapy.

Papoulias, C., & Callard, F. (2010). Biology's gift: Interrogating the turn to affect. *Body and Society*, 16(1), 29–56. doi:10.1177/1357034X09355231

Percy, I. (2008). Awareness and authoring: The idea of self in mindfulness and narrative therapy.

European Journal of Psychotherapy and Counselling, 10(4), 355–367. doi:10.1080/13642530802577109

Percy, I. (2016). *Mindfulness in counselling and psychotherapy: Narratives from practitioners in Bhutan and Australia* (PhD thesis). Retrieved from hdl.handle.net/20.500.11937/1346

Percy, I. (2017, September 1). *Mindfulness and narrative therapy by Ian Percy* [Video file]. Retrieved from dulwichcentre.com.au/ mindfulness-and-narrative-therapy-by-ian-percy/

Phillips, L. (2017). A narrative therapy approach to dealing with chronic pain. *International Journal of Narrative Therapy and Community Work*, (1), 21–29.

Rice, C., Zitzelsberger, H., Porch, W., Ignagni, E., & Erickson, L. (2005). Envisioning new meanings of difference. *International Journal of Narrative Therapy and Community Work*, (3/4), 119–130.

Rose, N., & Abi-Rached, J. M. (2013). *Neuro: The new brain sciences and the management of the mind.* Princeton, New Jersey: Princeton University Press.

Rose, S. (2012). The need for a critical neuroscience: From neuroideology to neurotechnology. In S. Choudhury & J. Slaby (Eds.), *Critical neuroscience: A handbook of the social and cultural contexts of neuroscience* (pp. 53–66). Oxford, England: Wiley.

Sawyer, K. (2013). Explorations in trans subjectivity. *International Journal of Narrative Therapy and Community Work*, (3), 33–38.

Siegel, D. (2007). *The mindful brain*. New York, NY: Norton.

Siegel, D. (2010). *The mindful therapist*. New York, NY: Norton.

Siegel, D. (2011). *Mindsight*. New York, NY: Random House.

Siegel, D. (2012). *The developing mind: How relationships and the brain interact to shape who we are* (2nd ed.). New York, NY: Guilford.

Silent Too Long. (1998). Your voices inspire mine. *Dulwich Centre Journal*, 4, 2–8.

Silent Too Long. (2000). Embracing the old, nurturing the new. *Dulwich Centre Journal*, (1 & 2), 62–71. Reprinted in Dulwich Centre Publications (Ed.). (2003). *Responding to violence: A collection of papers relating to child sexual abuse and violence in intimate relationships* (pp. 71–91). Adelaide, Australia: Dulwich Centre Publications.

Silent Too Long. (2001). Trust. In Dulwich Centre Publications (Ed.), *Working with the stories of women's lives* (pp. 85–82). Adelaide, Australia: Dulwich Centre Publications.

Staiger, J., Cvetkovich, A., & Reynolds, A. (Eds.). (2010). *Political emotions*. New York, NY: Routledge.

Stanikzai, A. G., Denborough, D., & Byrne, H. (2018). *Surviving the ocean of depression*. Retrieved from dulwichcentre.com.au/ surviving-the-ocean-of-depression/

Stern, D. (2004). *The present moment in psychotherapy and everyday life*. New York, NY: Norton.

Strong, T. (2017). Neuroscience discourse and the collaborative therapies? In M. Beaudoin & J.

Duvall (Eds.), *Collaborative therapy and interpersonal neurobiology: Emerging practices* (pp. 116–127). New York, NY: Routledge.

Tallis, R. (1999). The poverty of neurophilosophy. In R. Tallis, *On the edge of certainty: Philosophical explorations* (pp. 127–154). Basingstoke, England: Palgrave Macmillan.

Tomkins, S. S. (1991), *Affect imagery consciousness, Volume III. The negative affects: Anger and fear*. New York, NY: Springer.

Vidal, F. (2009). Brainhood, anthropological figure of modernity. *History of the human sciences*, 22:1; 5–36. doi: 10.1177/0952695108099133

Vidal, F., & Ortega, F. (2017). *Being brains: Making the cerebral subject* (forms of living). New York, NY: Fordham University Press.

Wade, A. (1997). Small acts of living: Everyday resistance to violence and other forms of oppression. *Contemporary Family Therapy*, 19(3), 23–39.

Walia, H. (2013). *Undoing border imperialism*. Oakland, CA: AK Press.

Weingarten, K. (2001). Making sense of illness narratives: Braiding theory, practice and the embodied life. In Dulwich Centre Publications (Ed.), *Working with the stories of women's lives* (pp. 111–125). Adelaide, Australia: Dulwich Centre Publications.

Wertsch, J. V. (2002). *Voices of collective remembering*. Cambridge, England: Cambridge University Press.

Wetherell, M. (2012). *Affect and emotion: A new social science understanding*. London, England: Sage.

White, C. (2016). Feminist challenge and women's liberation. In C. White (Ed.), *A memory book for the field of narrative practice* (pp. 47–65). Adelaide, Australia: Dulwich Centre Publications.

White, M. (1989, November 5). *'On power and Foucault': Public workshop by Michael White* [Video recording]. Michael White Video Archive (Tape 255). Adelaide, Australia: Dulwich Centre.

White, M. (1992). Men's culture, the men's movement, and the constitution of men's lives. *Dulwich Centre Newsletter*, (3 & 4), 33–53.

White, M. (1995a). Naming abuse and breaking from its effects (interviewer C. McLean). *Re-authoring lives: Interviews and essays* (pp. 82–111). Adelaide, Australia: Dulwich Centre Publications. (小森康永・土岐篤史（訳）(2000).「虐待を名づけとその影響を断ち切ること」『人生の再著述』 ヘルスワーク協会)

White, M. (1995b). Psychotic experience and discourse (interviewer K. Stewart). In M. White, *Re-authoring lives: Interviews and essays* (pp. 112–154). Adelaide, Australia: Dulwich Centre Publications. (小森康永・土岐篤史（訳）(2000).「精神病的経験と言説」『人生の再著述』 ヘルスワーク協会)

White, M. (1997). *Narratives of therapists' lives*. Adelaide, Australia: Dulwich Centre Publica-

tions.（小森康永（監訳）(2004).『セラピストの人生という物語』 金子書房）

White, M. (1999). Reflecting-team work as definitional ceremony revisited. *Gecko: A Journal of Deconstruction and Narrative Ideas in Therapeutic Practice*, (2), 55–82. Reprinted in M. White (2000a). *Reflections on narrative practice: Essays and interviews* (pp. 59–85). Adelaide, Australia: Dulwich Centre Publications.（小森康永・奥野 光（訳）(2021).「定義的祝祭としてのリフレクティング・チームワーク再訪」『リフレクションズ―ナラティヴと倫理・社会・スピリチュアリティ』 金剛出版）

White, M. (2000a). Re-engaging with history: The absent but implicit. In M. White, *Reflections on narrative practice: Essays and interviews* (pp. 35–58). Adelaide, Australia: Dulwich Centre Publications.（小森康永・奥野 光（訳）(2021).「歴史と関わり直す―潜 - 在」『リフレクションズ―ナラティヴと倫理・社会・スピリチュアリティ』 金剛出版）

White, M. (2000b, December). *Untitled* [Video recording]. Michael White Video Archive (Tape 193). Adelaide, Australia: Dulwich Centre Publications.

White, M. (2000c). Children, children's culture, and therapy. In M. White, *Reflections on narrative practice: Essays and interviews* (pp. 1–22). Adelaide, Australia: Dulwich Centre Publications.（小森康永・奥野 光（訳）(2021).「子ども・子ども文化・セラピー」『リフレクションズ―ナラティヴと倫理・社会・スピリチュアリティ』 金剛出版）

White, M. (2001). Folk psychology and narrative practice. *Dulwich Centre Journal*, (2), 1–37. Reprinted in M. White (2004). *Narrative practice and exotic lives: Resurrecting diversity in everyday life* (pp. 59–118). Adelaide, Australia: Dulwich Centre Publications.（小森康永（監訳）(2007).「ナラティヴ・プラクティス，カップルセラピー，そして葛藤解消」『ナラティヴ・プラクティスとエキゾチックな人生』 金剛出版）

White, M. (2002, August 6). *Untitled* [Video recording]. Michael White Video Archive (Tape 192). Adelaide, Australia: Dulwich Centre.

White, M. (2003). Narrative practice and community assignments. *International Journal of Narrative Therapy and Community Work*, (2), 17–55.

White, M. (2004a). *Narrative practice and exotic lives: Resurrecting diversity in everyday life*. Adelaide, Australia: Dulwich Centre Publications.（小森康永（監訳）(2007).『ナラティヴ・プラクティスとエキゾチックな人生』 金剛出版）

White, M. (2004b). Narrative practice and the unpacking of identity conclusions. In M. White, *Narrative practice and exotic lives: Resurrecting diversity in everyday life* (pp. 119–147). Adelaide, Australia: Dulwich Centre Publications.（小森康永（監訳）(2007).「ナラティヴ・プラクティスとアイデンティティ結論の解明」『ナラティヴ・プラクティスとエキゾチックな人生』 金剛出版）

White, M. (2004c). Working with people who are suffering the consequences of multiple trauma: A narrative perspective. *International Journal of Narrative Therapy and Community Work*, (1), 45–76. Reprinted in D. Denborough (Ed.) (2006). *Trauma: Narrative responses to*

traumatic experience (pp. 25–85). Adelaide, Australia: Dulwich Centre Publications.

White, M. (2006). Narrative practice with families with children: Externalising conversations Revisited. In M. White & A. Morgan (Eds.), *Narrative therapy with children and families* (pp. 1–56). Adelaide, Australia: Dulwich Centre Publications. (小森康永・奥野 光 (訳) (2007).「子どものいる家族とのナラティヴ・プラクティス―外在化再訪」『子どもたちとのナラティヴ・セラピー』 金剛出版)

White, M. (2007). *Maps of narrative practice*. New York, NY: Norton. (小森康永・奥野 光 (訳) (2009).『ナラティヴ実践地図』 金剛出版)

White, M. (2011a). Turning points and the significance of personal and community ethics. In D. Denborough (Ed.), *Narrative practice: Continuing the conversations* (pp. 27–44). New York, NY: Norton. (小森康永・奥野 光 (訳) (2011).「ターニング・ポイントと個人およびコミュニティの倫理の重要性」『ナラティヴ・プラクティス―会話を続けよう』 金剛出版)

White, M. (2011b). Externalizing and responsibility. In D. Denborough (Ed.), *Narrative practice: Continuing the conversations* (pp. 118–122). New York, NY: Norton. (小森康永・奥野 光 (訳) (2011).「外在化と責任」『ナラティヴ・プラクティス―会話を続けよう』 金剛出版)

White, M. (2018, June 25). *Michael White, narrative therapist: Funny moments* [Video file]. Retrieved from vimeo.com/260519508

White, M., & Epston, D. (1990). *Narrative means to therapeutic ends*. New York, NY: Norton. (小森康永 (訳) (2017).『物語としての家族(新訳版)』 金剛出版)

White, M., & Epston, D. (1997). The bypass operation: An approach to feeding problems in young children. In J. Freeman, D. Epston, & D. Lobovits (Eds.), *Playful approaches to serious problems: Narrative therapy with children and their families* (pp. 75–93). New York, NY: Norton.

Young, K., Hibel, J., Tartar, J., & Fernandez, M. (2017). Single session therapy and neuroscience: Scaffolding and social engagement. In M. Beaudoin & J. Duvall (Eds.), *Collaborative therapy and interpersonal neurobiology: Emerging practices* (pp. 103–115). New York, NY: Routledge.

Yuen, A. (2009). Less pain, more gain: Explorations of responses versus effects when working with the consequences of trauma. *Explorations: An E-Journal of Narrative Practice*, 1, 6–16. Retrieved from: www.dulwichcentre.com.au/explorations-2009-1-angel-yuen.pdf

Yuen, A. (2019). *Pathways beyond despair: Re-authoring lives of young people through narrative therapy*. Adelaide, Australia: Dulwich Centre Publications.

Zimmerman, J. (2017). Neuro-narrative therapy: Brain science, narrative therapy, poststructuralism, and preferred identities. *Journal of Systemic Therapies*, 36(2), 12–26. doi: 101521 jsyt201736212

Zimmerman, J. (2018). *Neuro-narrative therapy: New possibilities for emotion-filled conversations*. New York, NY: Norton.

Zimmerman, J., & Beaudoin, M. (2015). Neurobiology for your narrative: How brain science can influence narrative work. *Journal of Systemic Therapies*, 34(2), 59–74. doi: 10.1521/jsyt.2015.34.2.59

第二部

第五章

Bak, S. (박솔뫼) (2001). 미래 산책 연습　문학동네 (Munhakdongne Publishing). (斎藤真理子(訳) (2023). 未来散歩練習　白水社)

Byers, P. (2019). Michael White's particularist ethics in a biological age. *International Journal of Narrative Therapy and Community Work*, (3), 106–115.

Clark, D. (2018). *Cicely Saunders: A life and legacy*. Oxford University Press.

Deleuze, G., & Guattari, F. (1991). *Qu'est-ce que la philosophie*? Les Editions de minuit. (財津理 (訳) (2012). 『哲学とは何か』　河出書房新社)

Denborough, D. (2019). Travelling down the neuro-pathway: Narrative practice, neuroscience, bodies, emotions and the affective turn. *International Journal of Narrative Therapy and Community Work*, (3), 13–53. (本書所収)

Fredman, G. (1997). *Death talk: Conversations with children and families*. London: Karnac Books.

Fredman, G. (2004). *Transforming emotions: Conversations in counseling and psychotherapy*. London: Whurr Publishers.

Gould, D. (2010). On affect and protest. In J. Staiger, A. Cvetkovich, & A. Reynolds (Eds.), *Political emotions* (pp.18–44). New York, NY: Routledge.

Guilfoyle, M. (2014). *The person in narrative therapy: A post-structural Foucauldian account*. Palgrave Macmillan.

Hedtke, L., & Winslade, J. (2004). *Re-membering lives: Conversations with the dying and the Bereaved*. Amityville, New York: Baywood Publishing. (小森康永・石井千賀子・奥野光 (訳) (2005). 『人生のリ・メンバリング―死にゆく人と遺される人との会話』　金剛出版)

小森康永 (2012). 「書評 Glenda Fredman *Death Talk: Conversations with children and families*.」高橋規子・小森康永 (2012). 『終末期と言葉―ナラティヴ/当事者』(pp. 231–234) 金剛出版

小森康永 (2017). 「解説2　トータルペイン再訪」『シシリー・ソンダース初期論文集：1958–1966―トータルペイン　緩和ケアの源流をもとめて』　北大路書房

小森康永 (2021). インタビュー：GMな人びと④　日本グラフィック・メディスン協会

Retrieved from https://graphicmedicine.jp/interview/komori_yasunaga
Komori, Y.（2021）. An interview with Yasunaga Komori of Japan Graphic Medicine Association. Mar 14, 2021 by comic nurse. Retrieved from https://www.graphicmedicine.org/an-interview-with-yasunaga-komori-of-the-japan-graphic-medicine-association/
Murdoch, I.（1997）. The idea of perfection. In P. Conradi（Ed.）, *Existentialists and mystics: Writings on philosophy and literature*（pp.299–336）. London, England: Chatto & Windus.
Philips, A.（2004）. Preface. In G. Fredman, *Transforming emotions: Conversations in counseling and psychotherapy*. London: Whurr Publishers.
Saunders, C.（1964）. The symptomatic treatment of incurable malignant disease. *Prescribers' Journal*, 4（4）, 68–73.（小森康永（編訳）（2017）.「治療困難な悪性疾患の症状治療」『シシリー・ソンダース初期論文集：1958–1966ートータルペイン　緩和ケアの源流をもとめて』　北大路書房）
Shouse, E.（2005）. Feeling, Emotion, Affect. *M/C Journal*, 8（6）. doi: 10.5204/mcj.2443（難波優輝（訳）（2019）.「フィーリング，エモーション，アフェクト」　Retrieved from https://researchmap.jp/deinotaton/misc/16274406）
渡辺俊之・小森康永（2014）.『バイオサイコソーシャル・アプローチ』　金剛出版
White, M.（2000）. Re-engaging with history: The about but implicit. In M. White, *Reflections on narrative practice: Essays and interviews*（pp. 35–58）. Adelaide, Australia: Dulwich Centre Publications.（小林康永・奥野 光（訳）（2021）.「歴史と関わり直す一潜 - 在」『リフレクションズーナラティヴと倫理・社会・スピリチュアリティ』　金剛出版）
White, M.（2003）. Narrative practice and community assignments. *International Journal of Narrative Therapy and Community Work*,（2）, 17–55.
White, M.（2004）. Working with people who are suffering the consequences of multiple trauma: A narrative perspective. *International Journal of Narrative Therapy and Community Work*,（1）, 45–76. Reprinted in D. Denborough（Ed.）.（2006）. *Trauma: Narrative responses to traumatic experience*（pp. 25–85）. Adelaide, Australia: Dulwich Centre Publications.
箭内 匡（2018）.『イメージの人類学』　せりか書房
Zimmerman, J.（2018）. *Neuro-narrative therapy: New possibilities for emotion-filled conversations*. New York, NY: Norton.

第六章

Bowlby, J.（1969）. *Attachment*. London: Hogarth Press.（黒田実郎・大羽 蓁・岡田洋子・黒田聖一（訳）（1991）.『母子関係の理論Ⅰ一愛着行動［新版］』　岩崎学術出版社）
Damasio, A.（1994）. *Descartes' error: Emotion, reason, and the human brain*. Putnam.（田中三彦（訳）（2010）.『デカルトの誤り』　ちくま学芸文庫）
Davis, K., & Montag, C.（2018）. A tribute to Jaak Panksepp（1943–2017）. *Personality Neuroscience*, 1（e9）, 1–4. doi: 10.1017/pen.2018.5

Denborough, D. (2019). Travelling down the neuro-pathway: Narrative practice, neuroscience, bodies, emotions and the affective turn. *International Journal of Narrative Therapy and Community Work*, (3), 13–53. (本書所収)

Eisenberger, N., Lieberman, M. D., & Williams, K. D. (2003). Does rejection hurt? An fMRI study of social exclusion. *Science*, 302, 290–292.

Ellis, G., & Solms, M. (2018). *Beyond evolutionary psychology: How and why neuropsychological modules arise*. Cambridge: Cambridge University Press.

Freud, S. (1891/1953). *On aphasia: A critical study*. (E. Stengel, Trans.). London: Imago. (Original work published 1891) (中村靖子 (訳) (2009).「失語症の理解にむけて―批判的研究」『フロイト全集(1)』(pp. 1–127)　岩波書店)

Freud, S. (1900/1953). The interpretation of dreams. *Standard edition of the complete psychological works of Sigmund Freud* (vol. 4 and vol. 5). London: Hogarth. (新宮一成 (訳) (2007, 2011).「夢解釈(I・II)」『フロイト全集(3・4)』　岩波書店)

Kaplan-Solms, K., & Solms, M. (2000). *Clinical studies in neuro-psychoanalysis: Introduction to a depth neuropsychology*. London: Karnac. (岸本寛史 (訳) (2022).『神経精神分析入門』青土社)

Kihlstrom, J. F. (1987). The cognitive unconscious. *Science*, 237, 1445–1452.

LeDoux, J. (1996). *The emotional brain*. Simon and Schuster. (松本 元・川村光毅 (訳) (2003).『エモーショナル・ブレイン』　東京大学出版会)

LeDoux, J. (2015). *Anxious: Using the brain to understand and treat fear and anxiety.* New York, NY: Viking.

Marsten, D., Epston, D., & Markham, L. (2016). *Narrative therapy in wonderland: Connecting with children's imaginative know-how*. New York, NY: Norton.

松村一志 (2021).『エビデンスの社会学―証言の消滅と真理の現在』　青土社

Meynert, T. (1884). *Psychiatrie. Klinik der Erkrankungen des Vorderhirns, begrundet auf dessen Bau, Leistungen und Ernahrung*. Erste Halfte. Wien: Braumuller.

Panksepp, J. (Ed.). (2004). *Textbook of biological psychiatry*. Wiley-Liss.

Panksepp, J. (2005). Defining concepts for affective neuroscience: How brain creates meaning by integrating emotions and cognitions. *International Neuropsychoanalysis Congress Proceedings*, 1, 85–123.

Panksepp, J. (1998). *Affective neuroscience: The foundations of human and animal emotions*. New York, NY: Oxford University Press.

Panksepp, J., & Biven, L. (2012). *The archaeology of mind: Neuroevolutionary origins of human emotions*. New York, NY: W. W. Norton.

Siegel, D. (2012). *The developing mind: How relationships and the brain interact to shape who we are* (2nd ed.). New York, NY: Guilford.

Solms, M. (2021a). *The hidden spring: A journey to the source of consciousness*. W. W. Norton.

（岸本寛史（訳）(2021).『意識はどこから生まれてくるのか』 青土社）

Solms, M.（2021b）. From depth neuropsychology to neuropsychoanalysis. In C. Salas, O. Turnbull, & M. Solms（Eds.）, *Clinical studies in neuropsychoanalysis revisited*. Routledge.

Solms, M., & Turnbull, O.（2002）. *The brain and the inner world: An introduction to the neuroscience of subjective experience*. London: Karnac.（平尾和之（訳）(2007).『脳と心的世界』 星和書店）

Wilkinson M.（2010）. *Changing minds in therapy*. W. W. Norton.（岸本寛史（監修）・広瀬 隆（監訳）(2021).『セラピーと心の変化』 木立の書房）

山本貴光・吉川浩満 (2016).『脳がわかれば心がわかるか』 太田出版

Yovell, Y., Bar, G., Mashiah, M., Baruch, Y., Briskman, I., Asherov, J., ... Panksepp, J.（2016）. Ultra-low-dose buprenorphine as a time-limited treatment for severe suicidal ideation: A randomized controlled trial. *American Journal of Psychiatry*, 173, 491–498.

Zimmerman, J.（2018）. *Neuro-narrative therapy: New possibilities for emotion-filled conversations*. New York, NY: W. W. Norton.

第七章

Andersen, T.（1991）. *The reflecting team: Dialogues and dialogues about the dialogues*. W. W. Norton.（鈴木浩二（監訳）(2001).『リフレクティング・プロセス―会話における会話と会話』 金剛出版）

Bericat, E.（2015）. The sociology of emotions: Four decades of progress. *Current Sociology*, 64（3）. doi: 10.1177/0011392115588355

Beaudoin, M. N., & Duvall, J.（2017）. *Collaborative therapy and neurobiology: Evolving practice in action*. Routledge.

Beaudoin, M. N., & Zimmerman, J.（2011）. Narrative therapy and interpersonal neurobiology: Revisiting classic practices, developing new emphases. *Journal of Systemic Therapies,* 30（1）, 1–13.

Burr, V. (2015). *Social constructionism*（3rd ed.）. Routledge.（田中一彦・大橋靖史（訳）(2018).『ソーシャル・コンストラクショニズム』 川島書店）

Butler, J.（1990）. *Gender trouble: Feminism and subversion of identity*. Routledge.（竹村和子（訳）(1990).『ジェンダー・トラブル―フェミニズムとアイデンティティの攪乱』 青土社）

Butler, J.（1993）. *Bodies that matter: On the discursive limit of "sex"*. Routledge.（佐藤嘉幸（監訳）(2021).『問題＝物質となる身体―「セックス」の言説的境界について』 以文社）

Choudhury, S., & Slaby, J.（Eds.）.（2012）. *Critical neuroscience: A handbook of the social and cultural context of neuroscience.* Wiley Blackwell.

Clough, P. T.（Ed.）.（2007）. *The affective turn*. Durk University.

Coulter, J.（1979）. *The social construction of mind: Studies in ethnomethodology and linguistic*

philosophy. Macmillan Press.（西阪 仰（訳）(1998).『心の社会的構成―ヴィトゲンシュタイン派エスノメソドロジーの視点』 新曜社）

Cromby, J.（2004）. Between constructionism and neuroscience: The societal co-construction of embodied subjectivity. *Theory and Psychology*, 14(6), 797–821.

Denzin, N. K.（1984）. *On understanding emotion*. Jossey-Bass Publishers.

Denzin, N. K.（2013）. *Interpretive autoethnography*（2nd ed.）. SAGE Publications.

Denzin, N. K.（2018）. *Performance autoethnography: Critical pedagogy and the politics of culture*（2nd ed.）. Routledge.

Donath, O.（2016）. *Regretting motherhood: Wenn muetter bereuen*. Knaus Albrecht.（鹿田昌美（訳）(2022).『母親になって後悔してる』 新潮社）

Gergen, K. J.（1994）. *Realities and relationship: Soundings in social construction*. Harvard University Press.（永田素彦・深尾 誠（訳）(2004).『社会構成主義の理論と実践―関係性が現実をつくる』 ナカニシヤ出版）

Gregg, M., & Seigworth, G. J.（Eds.）.（2010）. *The affect theory reader*. Duke University Press.

Hochschild, A. R.（1983）. *The managed heart: Commercialisation of human feeling*. University of California Press.（石川 准（訳）(2000).『管理される心―感情が商品になるとき』 世界思想社）

伊藤 守 (2017).『情動の社会学』 青土社

Kemper, Th. D.（1981）. Social constructionist and positivist approaches to the sociology of emotions. *American Journal of Sociology*, 87(2), 336–362.

Kemper, Th. D.（Ed.）.（1990）. *Research agendas in the sociology of emotions*. State University of New York Press.

Leys, R.（2011）. The turn to affect: A critique. *Critical Inquiry*, 37(3), 434–447.

Malinen, T., Cooper, S. J., & Thomas, F. N.（2011）. *Masters of narrative and collaborative therapies: The voices of Andersen, Anderson, and White*. Routledge.（小森康永・奥野 光・矢原隆行（訳）(2015).『会話・協働・ナラティヴ―アンデルセン・アンダーソン・ホワイトのワークショップ』 金剛出版）

Monk, G., & Zamani, N.（2019）. Narrative therapy and the affective turn. *Journal of Systemic Therapy*, 38(2), 1–19.

Mussumi, B.（1995）. The autonomy of affect. *Cultural Critique*, (31), 83–109.

Mussumi, B.（2021）. *Parables for the virtual: Movement, affect, sensation*（revision of 2002 ver.）. Duke University Press.

Myerhoff, B.（1992）. *Remembered lives: The work of ritual, storytelling, and growing older*. University of Michigan Press.

Negri, A., & Hardt, M.（2001）. *Empire*. Harvard University press.（水嶋一憲・酒井隆史・浜邦彦・吉田俊実（訳）(2003).『帝国―グローバル化の世界秩序とマルチチュード』 以文社）

西井涼子・箭内 匡（編）(2020).『アフェクトゥス—生の外側に触れる』 京都大学学術出版会

Shotter, J. (1993). *Cultural politics of everyday life: Social constructionism, rhetoric and knowing of the third kind*. Open University Press.

Shotter, J. (2007). Wittgenstein and our talk of feeling in inquiries into the dynamics of language use. *International Journal of Critical psychology*, 21, 119–137.

Shotter, J. (2012). Ontological social constructionism in the context of social ecology: The importance of our bodies. In A. Lock & T. Strong (Eds.), *Discursive perspective in therapeutic practice*. Oxford University Press.

Thaler, R. H., & Sunstein, C. R. (2021). *Nudge: The final edition* (Revised). Penguin Books. (遠藤真美（訳）(2022).『ナッジ—実践行動経済学完全版』 日経BP)

Wetherell, M. (2012). *Affect and emotion: A new social science understanding*. Sage.

Wetherell, M. (2014). *Trend in the turn to affect: A social psychological critique*. Body & Society. doi: 10.1177/1357034X14539020

White, M. (1988). Saying hullo again: The incorporation of the lost relationship in the resolution of grief. *Dulwich Centre Newsletter*, 1, 7–11. Reprinted in M. White (2017). *Narrative therapy classics*. Dulwich Center Publications. (小森康永（訳）(2018).「もう一度こんにちわと言う—悲嘆の解決における失われた関係の取り込み」『ナラティヴ・セラピー・クラシックス』(pp. 110–127) 金剛出版)

White, M. (2005). Children, trauma and subordinate storyline development. *International Journal of Narrative Therapy & Community Work*, (3/4), 10–22. Reprinted in M. White (2017). *Narrative therapy classics*. Dulwich Center Publications. (小森康永（訳）(2018).「子ども，トラウマ，そして従属的ストーリーライン展開」『ナラティヴ・セラピー・クラシックス』(pp. 158–188) 金剛出版)

White, M. (2007). *Maps of narrative practice*. W. W. Norton. (小森康永・奥野 光（訳）(2009).『ナラティヴ実践地図』 金剛出版)

White, M., & Epston, D. (1990). *Narrative means to therapeutic ends*. Dulwich Center Publications. (小森康永（訳）(2017).『物語としての家族[新訳版]』 金剛出版)

Whitehead, A. N. (1929). *Process and reality: An essay in cosmology.* Macmillan Publishing. (平林康之（訳）(1983).『過程と実在—コスモロジーへの試論(2)』 みすず書房)

Zimmerman, J. (2018). *Neuro-narrative therapy: New possibilities for emotion-filled conversations*. W. W. Norton.

第八章

Bruner, J. S. (1990). *Acts of meaning*. Harvard University Press. (岡本夏木・仲渡一美・吉村啓子（訳）(1999).『意味の復権』 ミネルヴァ書房)

Combs, G., & Freedman, J. (2012). Narrative, poststructuralism, and social justice: Current

practices in narrative therapy. *Counseling Psychologist*, 40, 1033–1060.

Freedman, J. (2012). Explorations of the absent but implicit. *International Journal of Narrative Therapy and Community Work*, (4), 1–10.

Damasio, A. R. (2003). *Looking for Spinoza: Joy, sorrow and the feeling brain*. London: Vintage. (田中三彦 (訳) (2005).『感じる脳—情動と感情の脳科学 よみがえるスピノザ』 ダイヤモンド社)

Denborough, D. (2019). Travelling down the neuro-pathway: Narrative practice, neuroscience, bodies, emotions and the affective turn. *International Journal of Narrative Therapy and Community Work*, (3), 13–53.

Deleuze, G. (1962). *Nietzsche et la philosophie*. PUF. (江川隆男 (訳) (2008).『ニーチェと哲学』 河出書房新社)

Deleuze, G., & Guattari, F. (1991). *Qu'est-ce que la philosophie?* Paris: Éditions de Minuit. (財津 理 (訳) (1997).『哲学とは何か』 河出書房新社)

Hurwitz, B., Greenhalgh, T., & Skultans, V. (Eds.). (2004). *Narrative research in health and illness*. London: BMJ Books. (斎藤清二・岸本寛史 (訳) (2009).『ナラティブ・ベイスト・メディスンの臨床研究』 金剛出版)

井上ウィマラ・葛西賢太・加藤博已 (編) (2012).『仏教心理学キーワード事典』 春秋社

Janet, P. (1928). *L'evolution de la memoire et de la notion du temps*. Paris: Chahine.

紙野雪香 (2015).「現任看護者教育におけるナラティヴアプローチの実践」 森岡正芳(編著) 『臨床ナラティヴアプローチ』(pp. 129–148) ミネルヴァ書房

河合隼雄 (1998).「物語と現代」 創造の世界, 106, 28–43.

Langer, S. K. (1953). *Feeling and form: A theory of art*. NY: Charles Scribner's Sons.

Monk, G., & Zamani, N. (2019). Narrative therapy and the affective turn: Part I. *Journal of Systemic Therapy*, 38 (2), 1–19.

森岡正芳 (2009).「感情のセラピーの源泉をめぐって—スピノザ『エチカ』を手がかりに」 宗教研究, 83 (2), 339–359.

森岡正芳 (編著) (2015).『臨床ナラティヴアプローチ』 ミネルヴァ書房

森岡正芳 (2020a).「心と文化—治癒の源泉を探る」 森岡正芳(編) 治療は文化である(臨床心理学増刊), (12), 2–8.

森岡正芳 (2020b).「ナラティヴの一次過程と二次過程」 ナラティヴとケア, (11), 22–28.

森岡正芳 (2021).「痕跡から構想する力」 森岡正芳(編) 治療文化の考古学(臨床心理学増刊), (13), 2–9.

Myerhoff, B. (1982). Life history among the elderly: Performance, visibility and re-membering. In J. Ruby (Ed.), *A crack in the mirror. Reflective perspectives in anthropology*. Philadelphia: University of Pennsylvania Press.

Myerhoff, B. (1992). *Remembered lives: The work of ritual, storytelling, and growing older.* Ann Arbor: University of Michigan Press.

Nietzsche, F. W. (1901). *Willens zur Macht.* (原 佑 (訳) (1993).『権力への意志(上・下)』筑摩書房)

西井凉子・箭内 匡 (編) (2020).『アフェクトゥス』 京都大学学術出版会

Rooley, A. (1990). *Performance: Revealing the Orpheus within.* Longmead, UK: Element Books.

Siegel, D. (2012). *The developing mind: How relationships and the brain interact to shape who we are* (2nd ed.). New York, NY: Guilford.

Singer, D. G., & Singer, J. L. (1990). *The house of make-believe.* Cambridge, Massachusetts: Harvard University Press. (高橋たまき・無藤 隆・戸田恵子・新谷和代 (訳) (1997).『遊びがひらく想像力』 新曜社)

Spinoza, Baruch de (1677). *Ethica.* (上野 修 (訳) (2022).『エチカ』(スピノザ全集Ⅲ) 岩波書店)

Sullivan, H. S. (1953). *Conceptions of modern psychiatry.* New York, NY: Norton. (中井久夫・山口 隆 (訳) (1976).『現代精神医学の概念』 みすず書房)

Uexküll, von J. (1909/1970). *Umwelt und Innenwelt der Tiere.* Berlin: J. Springer. (日高敏隆・羽田節子 (訳) (2005).『生物から見た世界』 岩波書店)

Vygotsky, L. S. (1930). Воображение и творчество в детскомвозрасте: психологическийочерк. Москва: Гос. изд-во Р С Ф С Р . (福井研介 (訳) (1992).『子どもの想像力と創造』 新読書社)

Wallon, H. (1949). *Les origines du caractere chez l'enfant.* Paris: Press Universitaire de France. (久保田正人 (訳) (1965).『児童における性格の起源』 明治図書)

Wetherell, M. (2015). Trends in the turn to affect: A social psychological critique. *Body & Society*, 21 (2), 139–166.

White, M. (1995). Reflecting teamwork as definitional ceremony. In M. White, *Re-authoring lives: Interviews and essays.* Adelaide, Australia: Dulwich Centre Publications. (小森康永・土岐篤史 (訳) (2000).「定義的祝祭としてのリフレクティング・チームワーク」『人生の再著述—マイケル, ナラティヴ・セラピーを語る』(pp. 276–317) ヘルスワーク協会)

White, M. (2000a). Children, children's culture, and therapy. In M. White, *Reflections in narrative practices: Interviews and essays.* Adelaide, Australia: Dulwich Center Publications. (小森康永・奥野 光 (訳) (2021).「子ども・子ども文化・セラピー」『リフレクションズ—ナラティヴと倫理・社会・スピリチュアリティ』(pp. 11–39) 金剛出版)

White, M. (2000b). Engagement with history: The absent but implicit. In M. White, *Reflections in narrative practices: Interviews and essays.* Adelaide, Australia: Dulwich Center Publications. (小森康永・奥野 光 (訳) (2021).「歴史と関わり直す—潜 - 在」『リフレクションズ—ナラティヴと倫理・社会・スピリチュアリティ』(pp. 55–88) 金剛出版)

Yovel, Y. (Eds). (2000). *Desire and affect: Spinoza as psychologist.* Little Room Press.

Zimmerman, J. (2018). *Neuro-narrative therapy: New possibilities for emotion-filled conversa-*

tions. New York, NY: W. W. Norton.

エピローグ

Deleuze, G., & Guattari, F.（1991）. *Qu'est-ce que la philosophie?* Paris: Éditions de Minuit.（財津 理（訳）(1997).『哲学とは何か』 河出書房新社）

Marlouf, D.（1991）. *The great world*. Sydney: Pan MacMillan.

White, M.（2000）. On ethics and the spiritualities of the surface. In M. White, *Reflections on narrative practice*. Adelaide, Australia: Dulwich Centre Publications.（小森康永（訳）(2021).「倫理と表層スピリチュアリティ」 小森康永・奥野 光（訳）『リフレクションズ―ナラティヴと倫理・社会・スピリチュアリティ』 金剛出版）

Wyatt, J.（2019）. *Therapy, stand-up, and the gesture of writing: Towards creative-relational inquiry*. New York, NY: Routledge.

執筆者紹介

小森康永（こもり・やすなが）《プロローグ，第１章～第４章(訳)，間奏曲，第５章，エピローグ》

岐阜大学医学部卒業　博士（医学）
現在　愛知県がんセンター精神腫瘍科部長

《主著・論文》
　トータルペインを聴く　家族療法研究　36(3)，234–239．2019 年
　ナラティブ・メディスン入門　遠見書房　2015 年

デイヴィッド・デンボロウ（David Denborough）《第１章～第４章》

ダリッチ・センターのコミュニティ・ワーカー，教師，作家，メルボルン大学「ナラティヴ・セラピーとコミュニティ・ワーク」修士課程コーディネーター

《主著》
　Introducing Narrative Therapy（邦訳書『ナラティヴ・セラピーの実践』金剛出版　2000 年）
　Retelling the Stories of Our Lives（邦訳書『ふだん使いのナラティヴ・セラピー』北大路書房　2016 年）

岸本寛史（きしもと・のりふみ）《第６章》

京都大学医学部医学研究科卒業
現在　静岡県立総合病院緩和医療科部長

《主著》
　がんと嘘と秘密（共著）　遠見書房　2022 年
　せん妄の緩和ケア（単著）　誠信書房　2021 年

安達映子（あだち・えいこ）《第７章》

立教大学大学院社会学研究科博士前期課程修了
現在　立正大学社会福祉学部教授

《主著・論文》
　ナラティヴ・セラピーが社会福祉実践の文化にもたらすもの　N：ナラティヴとケア　14，35–40．2023 年
　ナラティヴ・コンサルテーション（共著）　金剛出版　2022 年

森岡正芳（もりおか・まさよし）《第８章》

京都大学大学院教育学研究科博士課程修了　博士（教育学）
現在　立命館大学総合心理学部教授

《主著》
　物語としての面接　新曜社　2002 年／2017 年
　臨床ナラティヴアプローチ　ミネルヴァ書房　2015 年

ナラティヴと情動
――身体に根差した会話をもとめて

2023年10月20日　初版第1刷発行

著　者　小森康永
デイヴィッド・デンボロウ
岸本寛史
安達映子
森岡正芳

発行所　㈱北大路書房
〒603-8303　京都市北区紫野十二坊町12-8
電話代表　(075)431-0361
ＦＡＸ　(075)431-9393
振替口座　01050-4-2083

Printed in Japan
ISBN978-4-7628-3235-2
装丁／上瀬奈緒子（綴水社）
印刷・製本／亜細亜印刷(株)